AUTOGESTÃO NA SALA DE AULA

CIP-BRASIL. CATALOGAÇÃO-NA-FONTE
SINDICATO NACIONAL DOS EDITORES DE LIVROS, RJ

A689a

Araújo, Ulisses F.
Autogestão na sala de aula : as assembleias escolares / Ulisses F. Araújo. - São Paulo : Summus, 2015.
112 p. : il. (Novas arquiteturas pedagógicas ; 4)

Inclui bibliografia
ISBN 978-85-323-1006-4

1. Educação. 2. Ambiente escolar. I. Título. II. Série.

15-19012
CDD: 370
CDU: 37

www.summus.com.br

Compre em lugar de fotocopiar.
Cada real que você dá por um livro recompensa seus autores
e os convida a produzir mais sobre o tema;
incentiva seus editores a encomendar, traduzir e publicar
outras obras sobre o assunto;
e paga aos livreiros por estocar e levar até você livros
para a sua informação e o seu entretenimento.
Cada real que você dá pela fotocópia não autorizada de um livro
financia o crime
e ajuda a matar a produção intelectual de seu país.

AUTOGESTÃO NA SALA DE AULA
AS ASSEMBLEIAS ESCOLARES

ULISSES F. ARAÚJO

AUTOGESTÃO NA SALA DE AULA
As assembleias escolares
Copyright © 2004, 2015 by Ulisses F. Araújo
Direitos desta edição reservados por Summus Editorial

Editora executiva: **Soraia Bini Cury**
Assistente editorial: **Michelle Neris**
Coordenação da Coleção Novas
Arquiteturas Pedagógicas: **Ulisses F. Araújo**
Capa: **Alberto Mateus**
Projeto gráfico e diagramação: **Crayon Editorial**
Impressão: **Sumago Gráfica Editorial**

Summus Editorial
Departamento editorial
Rua Itapicuru, 613 – 7º andar
05006-000 – São Paulo – SP
Fone: (11) 3872-3322
Fax: (11) 3872-7476
http://www.summus.com.br
e-mail: summus@summus.com.br

Atendimento ao consumidor
Summus Editorial
Fone: (11) 3865-9890

Vendas por atacado
Fone: (11) 3873-8638
Fax: (11) 3872-7476
e-mail: vendas@summus.com.br

Impresso no Brasil

SUMÁRIO

APRESENTAÇÃO 7

1 DEMOCRACIA, RESOLUÇÃO DE CONFLITOS E ASSEMBLEIAS ESCOLARES 13

Democracia escolar 15

A resolução de conflitos 20

As assembleias escolares 24

2 COMO IMPLEMENTAR E DESENVOLVER AS ASSEMBLEIAS ESCOLARES 29

Diferentes tipos de assembleia escolar 34

O processo de implantação das assembleias 38

Os procedimentos para a realização das assembleias . . 45

O funcionamento das assembleias escolares 66

Procedimentos para o funcionamento dos
fóruns escolares 75

3 DANDO VOZ AOS SUJEITOS DAS ASSEMBLEIAS . . . 87

4 CONCLUINDO... 103

REFERÊNCIAS 109

APRESENTAÇÃO

ENTENDER A CIDADANIA REDUZINDO o ser humano à sua atuação social e política, como fazem muitas teorias hoje dominantes, não condiz com a multidimensionalidade e com a complexidade das relações que cada pessoa estabelece com o mundo à sua volta. Deve-se compreender a cidadania também de outras perspectivas – por exemplo, considerando a importância que o desenvolvimento de condições físicas, psíquicas, cognitivas, ideológicas e culturais exerce na conquista de uma vida digna e saudável, que leve à busca virtuosa da felicidade, individual e coletiva.

Tal tarefa, complexa por natureza, pressupõe a educação de todos (crianças, jovens e adultos) com base em princípios coerentes com esses objetivos e com a intenção explícita de promover a cidadania pautada na democracia, na justiça, na igualdade, na equidade e na participação ativa de todos os membros da sociedade nas decisões sobre seus rumos. Dessa maneira, pensar em uma educação para a cidadania é indispensável para a construção da democracia social.

O problema é que, hoje, as crianças e os adolescentes vão à escola para aprender as ciências, a língua, a matemática, a história, a física, a geografia, as artes *- e apenas isso. Não existe o objetivo explícito de formação ética e moral das futuras gerações. Defendemos a ideia de que a escola, como instituição pública criada pela sociedade para educar as futuras gerações, deve se preocupar também com a construção da cidadania, nos moldes em que atualmente a entendemos. Se almejamos garantir uma vida digna e participação social e política a todos os seres humanos, e não apenas a uma pequena parcela da população, essa escola deve ser democrática, inclusiva e de qualidade. Para tanto, precisa promover na teoria e na prática as condições mínimas para que tais objetivos sejam alcançados.

Entendemos que aprender a ser cidadão e cidadã é, entre outras coisas, aprender a agir com respeito, solidariedade, responsabilidade, justiça, não violência; a usar o diálogo nas mais diferentes situações e a comprometer-se com o que acontece na vida coletiva da comunidade e do país. Tais competências pressupõem que os estudantes possam assumir princípios éticos, exercitados em um processo formativo no qual dois fatores são centrais:

» que tais princípios se expressem em situações reais, nas quais os estudantes tenham experiências e convivam com a sua prática;

» que o potencial de autonomia do sujeito – isto é, a capacidade de analisar e eleger valores para si, consciente e livremente – se desenvolva.

Nesse processo, discentes e docentes desempenham papel ativo: são sujeitos da aprendizagem, interpretam e conferem sentido aos conteúdos com que convivem na escola. A construção de valores democráticos deve partir de temáticas significativas do ponto de vista ético e propiciar condições para que os alunos desenvolvam sua capacidade dialógica, tomem consciência de seus sentimentos (e dos das demais pessoas) e desenvolvam a capacidade autônoma de tomar decisões em situações conflitantes do ponto de vista ético/moral.

Por que começar este livro com tais reflexões? Porque a autogestão na sala de aula e na escola por meio das assembleias escolares é um excelente caminho para uma educação que visa à cidadania e à construção de personalidades morais. Aqui, falarei de democracia e da busca educativa de caminhos que enfrentem o autoritarismo e as formas violentas de resolução de conflitos, tão normalizados em nossa cultura. Entendo que aprender a dialogar, a construir coletivamente as regras de convívio e a fortalecer o protagonismo das pessoas e dos grupos sociais é um papel que a escola pode, e deve, exercer na luta pela transformação da sociedade. Construir novos alicerces culturais, que tenham como sustentáculos a igualdade, a equidade, a solidariedade e o diálogo, permitirá que, no futuro, a maioria da população perceba que a justiça social somente será alcançada com a democracia.

Tratar das assembleias escolares tendo os conflitos cotidianos como matéria-prima do trabalho educativo é o objetivo central deste livro, pois acredito que tal proposta contribua para a construção dos alicerces culturais citados. Ela é uma releitura do livro que publiquei em 2004 – *Assembleia escolar: um caminho para resolução de conflitos* –, adaptada aos dias atuais e com reflexões e experiências adquiridas nesse período. A principal delas foi a criação e a coordenação do "Programa Ética e Cidadania: construindo valores na escola e na sociedade", para o Ministério da Educação (MEC), sob a direção da professora Lucia Lodi. O principal eixo de sustentação desse programa, implementado de 2004 a 2009 em todos os 27 estados brasileiros, era a criação em cada escola de um tipo diferente de assembleia: os fóruns escolares. Nesse programa, intitulado "Fórum Escolar de Ética e Cidadania", cada instituição aderente ao Programa recebeu material didático para criar um espaço de articulação entre escola e comunidade externa que extrapolava a família, com o objetivo de transformar as relações existentes e o entorno da sala de aula.

Foi uma experiência riquíssima e intensa, que mostrou o poder do diálogo e da democratização das relações na escola como base para o desenvolvimento da incipiente democracia de nosso país. Conviver com experiências que foram levadas a cabo em todos os estados, em cidades pequenas no interior profundo do Brasil e em grandes metrópoles, mostrou a força destas.

Introduzindo o livro, no primeiro capítulo, apresento o que entendo por democracia escolar, o que significa uma educação com base na resolução de conflitos e como isso se articula com a proposta das assembleias escolares. No segundo capítulo, trago um "guia prático" para implementá-las e desenvolvê-las, permeando a discussão com reflexões advindas de mais de 20 anos de trabalho com esse tema, incluindo os passos a serem seguidos na implantação das assembleias de classe, de escola, de docentes e dos fóruns escolares nos mais diversos tipos de instituição e contexto. Finalmente, no terceiro capítulo, dou voz aos sujeitos que já vivenciaram as assembleias – docentes e discentes. Para tanto, reproduzo seus relatos sobre as mudanças vividas nas relações escolares e apresento pesquisas que sustentam a importância das assembleias na construção de valores de ética e de cidadania.

Espero, assim, incentivar a prática das assembleias em nossas escolas, e dedico esta obra aos milhares de professores e gestores que acreditam nessa prática e a vêm aplicando em suas classes, escolas e comunidades nas últimas décadas, muitas vezes sofrendo retaliações e críticas. Esta edição pretende ser um estímulo para que continuem o trabalho e percebam que não estão sozinhos nessa árdua luta pela construção coletiva da democracia.

.....

1

DEMOCRACIA, RESOLUÇÃO DE CONFLITOS E ASSEMBLEIAS ESCOLARES

Democracia escolar

Sempre me intrigou o emprego bastante difundido, no âmbito educacional, da palavra "democracia". Se, de um lado, a maioria dos educadores se considera democrática, de outro existe muita polêmica nas relações entre docentes e estudantes sobre o conceito de práticas assim intituladas. Acredito que debater o significado da democracia escolar seja essencial para o objetivo deste livro, que pretende discutir as assembleias escolares.

Como afirma Josep Maria Puig em *Democracia e participação escolar* (2000), embora útil para definir um modelo desejável de relações políticas na sociedade, o termo "democracia" não é necessariamente adequado para caracterizar instituições como a família, a escola e os hospitais. Isso porque elas são constituídas por agentes que têm interesses e *status* diferentes. De acordo com ele,

> Essas instituições foram pensadas para satisfazer algumas necessidades humanas que, de maneira inevitável, implicam a ação de sujeitos com capacidades, papéis e responsabilidades muito diferentes. São alheios à ideia de participação igualitária. Os pais e as mães têm um papel assimétrico com respeito aos filhos e às

filhas, da mesma maneira que os professores e as professoras o têm com respeito aos seus alunos e às suas alunas, ou os médicos e às médicas com respeito aos seus pacientes e às suas pacientes. É nesse sentido que dissemos que para essas instituições não serve o qualificativo de democráticas, pois não são horizontais nem igualitárias. (p. 25)

Isso não significa, de fato, que para Puig as instituições escolares não possam ser vistas como democráticas. Nesse mesmo livro, o autor demonstra que elas existem, desde que haja um equilíbrio no jogo entre a assimetria funcional das relações interpessoais e a simetria democrática dos princípios que devem reger as instituições sociais.

Na perspectiva de simetria, os direitos de igualdade e liberdade, por exemplo, devem ser extensivos a todas as pessoas nas instituições democráticas e nas escolas, independentemente de sua idade. Já a ideia de assimetria "natural" dos papéis de estudantes e docentes nas relações escolares, assim como nas relações nos âmbitos familiar e médico, por exemplo – calcada na diferenciação de conhecimentos e de experiência –, aponta problemas na compreensão de como a democracia se apresenta em tais instituições. Precisamos ter clareza e cuidado ao interpretar tais ideias, pois, dependendo do modo como são concebidas, abrem-se possibilidades para justificar o autoritarismo e o absolutismo.

A pergunta é: será que esse paradoxo de assimetria e simetria nas relações sociais pode servir de justificativa para o estabelecimento de relações autoritárias no âmbito das instâncias citadas? Essa parece ser uma boa explicação para a forma tradicional como pais e mães, professores e médicos se relacionam com as pessoas que lhes são subordinadas. Será que o autoritarismo que costuma permear as relações nessas instituições se justifica em sociedades que almejam a democracia?

Começo lembrando que, além da igualdade, existe outro princípio inerente ao conceito de justiça e, consequentemente, de democracia: a "equidade", que reconhece o princípio da diferença na igualdade. Assim, uma lei é justa somente se reconhece que todos são considerados iguais perante ela ao mesmo tempo que tem em conta as possíveis diferenças relacionadas ao seu cumprimento ou à sua violação. Um exemplo clássico é a lei que define que não se devem matar outros indivíduos e que todo aquele que violá-la – seja rico, pobre, branco, negro, milionário ou trabalhador – seja julgado por essa ação. Ao mesmo tempo, porém, a lei deverá considerar a motivação e o objetivo da ação cometida para ser verdadeiramente justa. Uma pessoa que mata outra por puro sadismo não pode ser julgada pela sociedade da mesma maneira que aquela que mata em legítima defesa (aqui temos equidade, pois, apesar de as pessoas serem iguais, as ações são julgadas de modo diferente).

Se pensamos na democracia somente a partir do ponto de vista da igualdade, acabamos por destruir a liberdade. Se todos forem concebidos como iguais, onde ficará o direito democrático da diferença, a possibilidade de pensar de maneira diversa? Para que o modelo de democracia seja justo e almeje a liberdade individual e coletiva, é necessário que a igualdade e a equidade sejam compreendidas como complementares. Ao mesmo tempo que igualdade de direitos e deveres deve ser objetivada nas instituições sociais, não se podem perder de vista o direito e o respeito à diversidade, ao pensamento divergente. Esse princípio é uma das bases que sustentam as assembleias escolares.

Voltando à escola, a concepção de que a democracia e a justiça pressupõem a igualdade e a equidade ajuda-nos a compreender como a primeira pode ser concebida no âmbito educacional. Ou seja, parte-se, em primeiro lugar, da assimetria dos papéis de estudantes e docentes, entendendo sua diferenciação natural com base no princípio da equidade. Porém, isso não significa que, em alguns aspectos, ambos os coletivos não sejam iguais perante a sociedade, tendo os mesmos direitos e deveres de todos os seres humanos.

Aos professores são destinados papéis diferenciados dentro da instituição escolar, em virtude de seus conhecimentos e de sua experiência. A sociedade atribui-lhes responsabilidades e deveres que lhes permitem avaliar os alunos, bem como fazer uso da autoridade de sua função para exigir o cumprimento das regras e normas sociais. Por sua vez, tais poderes não lhes garantem o privilégio de agir de maneira injusta, desconsiderando, por exemplo, os direitos relativos à cidadania dos estudantes.

Nesse sentido, se queremos falar de democracia na escola, devemos, ao mesmo tempo, reconhecer a diferença nos papéis sociais e nos deveres e buscar aqueles aspectos em que todos os membros da comunidade escolar têm os mesmos direitos. Estou falando do direito ao diálogo, à livre expressão de sentimentos e ideias, ao tratamento respeitoso, à dignidade etc. – tanto nas escolas quanto nos hospitais e nas famílias. Estou me referindo, afinal, à igualdade de direitos que configura a cidadania, e essa compreensão de democracia escolar será importante para entendermos os meandros das assembleias escolares, sua função educativa e o papel de estudantes e docentes.

Entrando no terreno da educação para a cidadania, em seu sentido tradicional a cidadania expressa um conjunto de direitos e deveres que permite aos cidadãos participar da vida política e pública, podendo votar e ser votados, participar ativamente da elaboração de leis e exercer funções públicas, por exemplo. Porém, a cidadania hoje pressupõe não apenas o atendimento das necessidades sociais com o objetivo de garantir os recursos materiais básicos para dar uma vida digna às pessoas. Para que ela se configure e permita a ampla participação política e pública, é necessário que cada ser humano desenvolva as condições físicas, psíquicas, cognitivas, ideológicas e culturais indispensáveis para atingirmos uma vida saudável.

Com tais fundamentos, podemos entender que a educação para a cidadania, como elemento essencial à democracia, pressupõe a formação e a instrução das pessoas, visando à sua capacitação para a participação motivada e competente tanto na esfera política quanto na pública. Ao mesmo tempo, essa formação deve objetivar o desenvolvimento de competências para lidar com a diversidade e o conflito de ideias, com as influências da cultura e com os sentimentos e as emoções presentes nas relações do sujeito consigo mesmo e com o mundo à sua volta. Assim, segundo tal modelo educativo, a escola pode promover a formação ética, política e psicológica de seus membros.

Como afirmamos em outra ocasião (Araújo, 2002; 2004), a educação para a cidadania e para a vida em uma sociedade democrática demanda a construção de personalidades morais, de cidadãos autônomos que buscam, de maneira consciente e virtuosa, a felicidade e o bem pessoal e coletivo. Isso significa atuar intencionalmente com o objetivo de contribuir com as futuras gerações, para que cada sujeito cresça incorporando, no núcleo de sua personalidade, no centro de sua identidade, a racionalidade autônoma com base na igualdade, na equidade, na justiça, no autorrespeito e no respeito pela natureza (em sentido global) e por todos os seres humanos. Porém, nesse modelo de personalidade moral almejado, a razão (no sentido iluminista do termo) não é soberana porque é também imbuída de afetividade, sentimentos e emoções, e considera tanto os interesses do próprio sujeito quanto os dos seres que com ele interagem.

Uma maneira de trabalhar para atingir tais objetivos é utilizar propostas educativas fundamentadas na resolução de conflitos e de problemas cotidianos – matéria-prima das assembleias e da democracia escolar.

A resolução de conflitos

"Conflito: situação permanente de oposição, desacordo ou luta entre pessoas ou coisas. Situação em que não se pode fazer o que é necessário fazer. Momento de impasse, choque, colisão, questionamento, desacordo, diferença, discrepância, discussão, desgosto, encontro, disputa..." Buscando em dicionários, todos esses termos dão significado à palavra "conflito".

Por motivos que podemos atribuir à influência da tradição judaico-cristã no pensamento ocidental, que dicotomiza nossa maneira de compreender as relações humanas, tendemos a atribuir um caráter negativo aos conflitos cotidianos, vistos como incompatíveis com o amor, o afeto e a harmonia que deveriam reinar nas relações humanas. Por isso são reprimidos, subestimados, criticados, ignorados e, em geral, condenados.

No entanto, o conflito é parte natural da vida e isso já seria suficiente para considerá-lo um importante tema de estudo. De fato, todas as teorias interacionistas em filosofia, psicologia e educação estão alicerçadas no pressuposto de que nos constituímos e somos constituídos pela relação direta ou mediada com o outro, seja ela de natureza subjetiva ou objetiva. Nessa relação, deparamos com as diferenças e as semelhanças que nos obrigam a comparar, descobrir, ressignificar, compreender, agir, buscar alternativas e refletir sobre nós mesmos e sobre os demais. O conflito torna-se, assim, matéria-prima para nossa constituição psíquica, cognitiva, afetiva, ideológica e social.

Conscientes de tal fato, em vez de condenar e reprimir os conflitos, os educadores deveriam compreendê-los como essenciais na formação psicológica e social dos seres humanos, encarando o desafio de introduzir o trabalho sistematizado com conflitos no dia a dia das salas de aula. Em vez de assumir posturas de eterna conciliação e anulação das diferenças de valores, interesses, preferências e gostos dos alunos – as quais quase sempre têm como substrato a tentativa de homogeneização dos seres humanos –, poderiam incorporar os conflitos cotidianos ao material de onde se produziriam textos, desenvolver-se-iam projetos de pesquisa e construir-se-iam os momentos de diálogo na escola.

O que justifica tal preocupação? Como nos lembram Genoveva Sastre e Montserrat Moreno (2002, p. 19),

não fomos preparados para compartilhar nem para resolver com agilidade e de forma não violenta os problemas que iam surgindo em nossas relações pessoais. Não desenvolvemos a sensibilidade necessária para saber interpretar a linguagem de nossos sentimentos. Nossa razão não foi exercitada na resolução de conflitos e tampouco dispúnhamos de um repertório de atitudes e comportamentos práticos que nos permitissem sair dignamente de uma situação. Em síntese, nossa formação nos tornou mais hábeis para lidar com o mundo físico do que com o social, aprendemos mais coisas do mundo exterior que de nossa própria intimidade, conhecemos mais os objetos que as pessoas do nosso convívio.

A escola que conhecemos tem seu grau de responsabilidade nesse processo de formação que ignora a importância das relações interpessoais e dos conflitos para a formação integral dos seres humanos. Um currículo com base apenas no mundo externo e com limitações espaço-temporais que prejudicam o trabalho com as relações humanas faz que os sistemas educativos não cumpram com um importante papel que lhes é atribuído pela sociedade: o da formação de cidadãos que tenham as competências necessárias para lidar de modo ético com seus conflitos pessoais e sociais.

A educação com base em propostas de resolução de conflitos está cada vez mais difundida em todo o mundo, dentro de perspectivas que buscam melhorar o convívio social e criar alicerces para a construção de sociedades e culturas mais democráticas e sensíveis à ética nas relações humanas. De acordo com Schnitman (2000), no entanto, a maioria das experiências atuais se baseia em modelos tradicionais que utilizam arbitragens, mediações, negociações e terapias. Em geral, atuam sobre objetivos específicos e práticos e pautam-se em pressupostos dicotômicos de ganhar e perder nas resoluções.

Por sua vez, segundo essa autora, surgem novos paradigmas em resolução de conflitos, que, com base na comunicação e em práticas discursivas e simbólicas, promovem diálogos transformativos. Tais propostas não adotam a ideia de que em um conflito há sempre ganhadores e perdedores, mas afirmam que é possível a construção do interesse comum, em que todos os envolvidos ganhem conjuntamente, com uma coparticipação responsável. Elas permitem aumentar a compreensão, o respeito e construir ações coordenadas que considerem as diferenças, as quais incrementam o diálogo e a participação coletiva em decisões e acordos participativos. Por fim, acreditam na importância do protagonismo das pessoas ao enfrentar os conflitos e entendem que tal processo deve enfocar não apenas emoções, intenções e crenças dos participantes, mas também domínios simbólicos, narrativos e dialógicos como o meio pelo qual se constroem e transformam significados e práticas.

Programas educativos que assumam a perspectiva de trabalhar os conflitos e os problemas humanos como elemento essencial de sua organização curricular podem, de acordo com Sastre e Moreno (2002, p. 58),

> formar os(as) alunos(as), desenvolver sua personalidade, fazê-los(as) conscientes de suas ações e das consequências que acarretam, conseguir que aprendam a conhecer melhor a si mesmos(as) e às demais pessoas, fomentar a cooperação, a autoconfiança e a confiança em suas companheiras e seus companheiros, com base no conhecimento da forma de agir de cada pessoa, e a beneficiar-se das consequências que estes conhecimentos lhes proporcionam. A realização desses objetivos leva a formas de convivência mais satisfatórias e à melhoria da qualidade de vida das pessoas, qualidade de vida que não se baseia no consumo, e sim em gerir

adequadamente os recursos mentais [...] intelectuais e emocionais para alcançar uma convivência humana muito mais satisfatória.

O trabalho com assembleias escolares complementa a perspectiva de novos paradigmas em resolução de conflitos, pois permite compreender os valores e princípios éticos que devem fundamentar o coletivo da classe. Ao mesmo tempo, evidentemente, permite a construção psicológica, social, cultural e moral do próprio sujeito, em um movimento dialético em que o coletivo transforma e constitui cada um de nós, que ajudamos na constituição dos espaços e das relações coletivas, modificando-a.

As assembleias escolares

Nas páginas anteriores, vimos alguns pressupostos essenciais sobre os quais podemos assentar as bases das assembleias escolares e sua relevância para a construção de importantes aspectos da vida coletiva e individual: a democracia escolar e social; o protagonismo e a participação social; os valores morais e éticos; o entendimento sobre como estratégias de resolução de conflitos podem contribuir para a formação ética e psíquica das pessoas, bem como para a transformação das relações interpessoais no âmbito escolar.

Mas o que são assembleias escolares? De acordo com Puig (2000), são o momento institucional da palavra e do diálogo, quando o coletivo se reúne para refletir, tomar consciência de si mesmo e transformar tudo aquilo que os seus membros consideram oportuno. É um momento organizado para que alunos e professores possam falar das questões que lhes pareçam pertinentes para melhorar o trabalho e a convivência escolar.

AUTOGESTÃO NA SALA DE AULA
AS ASSEMBLEIAS ESCOLARES

Além de ser um espaço para a elaboração e a reelaboração constantes das regras que regulam a convivência escolar, as assembleias propiciam momentos de diálogo, negociação e encaminhamento de soluções dos conflitos cotidianos. Assim, contribuem para o desenvolvimento de capacidades psicomorais essenciais ao processo de construção de valores e atitudes éticas. De outra perspectiva, com esse tipo de trabalho, os professores têm também a oportunidade de conhecer melhor seus alunos em facetas que não são possíveis no dia a dia da sala de aula. Temas como disciplina e indisciplina deixam de ser obrigação apenas da autoridade docente e passam a ser compartilhados por todo o grupo – sendo todos responsáveis pela elaboração das regras e pela cobrança de seu respeito. Enfim, o espaço das assembleias propicia uma mudança radical no modo como as relações interpessoais – que, se devidamente coordenadas com relações de respeito mútuo, permitem a construção de um ambiente escolar dialógico e democrático – são estabelecidas dentro da escola.

Tais objetivos são atingidos quando se implantam as assembleias nas escolas e instituições educativas, com periodicidade e espaços determinados para esse fim, permitindo que se dedique uma pequena parte do tempo a encontros nos quais seja possível dialogar sobre os conflitos e os aspectos positivos relacionados ao convívio.

Diferentemente de outros modelos de resolução de conflitos, as assembleias não buscam mediá-los no pressuposto de que existem o certo e o errado e de que deve haver uma pessoa munida de autoridade institucional com responsabilidade para julgar e decidir, estabelecer recompensas e sanções ou até mesmo obrigar as partes envolvidas a chegar a um consenso único. Essa concepção abre espaço, muitas vezes, para posturas arbitrárias, injustas e autoritárias, que promovem decisões com base em valores e crenças de uma autoridade legitimada pela sociedade.

O modelo das assembleias é o da democracia participativa, que tenta trazer para o espaço coletivo a reflexão sobre os fatos cotidianos, incentivando o protagonismo das pessoas e a coparticipação do grupo na busca de encaminhamentos para os temas abordados – sempre respeitando e naturalizando as diferenças inerentes aos valores, às crenças e aos desejos de todos os membros que delas participam. Com isso, nem sempre o objetivo é o de obter consenso e acordo, e sim o de explicitar diferenças, defender posturas e ideias muitas vezes opostas e, mesmo assim, levar as pessoas a conviver num mesmo espaço coletivo.

Essa forma de trabalhar os conflitos almeja, entre outros objetivos, reconhecer e articular os princípios de igualdade e equidade nas relações interpessoais nos espaços de convivência humana, o que nos remete à construção da democracia e da justiça. Como isso se opera? Em um espaço de assembleia, ao se dialogar sobre um conflito, garante-se a todos os membros que dela participam a igualdade de direitos de expressar seus pensamentos, desejos e modos de ação.

Pelo diálogo, mediado na assembleia pelo grupo, as alternativas de solução ou enfrentamento de um problema são compartilhadas, sendo as diferenças explicitadas e trabalhadas pelo grupo regularmente, durante um longo processo e período.

Tudo isso contribui para que, na constituição psíquica dos valores que as pessoas constroem ao participar de espaços coletivos de diálogo, sejam privilegiadas maneiras abertas de compreender o mundo e a complexidade dos fenômenos humanos, e não fechadas em certezas e verdades que assumem caminhos únicos e dogmáticos. Entendemos que pessoas com tais habilidades cognitivas, afetivas e sociais terão maior possibilidade de agir de modo ético no mundo, ao perceber com naturalidade as diferenças em nossos modos de agir e de pensar.

A escola e a sala de aula são lugares privilegiados para que um trabalho de formação como esse se opere. Afinal, é o espaço público, hoje obrigatório, em que as pessoas têm de conviver durante boa parte de seu dia com valores, crenças, desejos, histórias e culturas diferentes. Em vez de tentar homogeneizar e eliminar diferenças e conflitos, podemos usar a instituição escolar para promover o desenvolvimento das capacidades dialógicas e dos valores de não violência, respeito, justiça, democracia, solidariedade etc. Mais importante ainda: não de maneira teórica, e sim na prática cotidiana, partindo dos conflitos diários.

No próximo capítulo, veremos os distintos tipos de assembleia, de que forma implementá-las e como devem funcionar para que constituam espaço de diálogo e de construção de valores democráticos.

·····

2

COMO IMPLEMENTAR E DESENVOLVER AS ASSEMBLEIAS ESCOLARES

INTRODUZIR O TRABALHO COM assembleias em uma escola é um processo complexo que pressupõe desejos políticos e pessoais de considerável envergadura, em virtude das mudanças que provoca em todos os âmbitos do cotidiano escolar – sobretudo no que se refere às múltiplas instâncias de relações de poder instituídas. Por isso, as pessoas envolvidas nesse processo devem estar conscientes de seus possíveis significados e suas consequências, atentas aos movimentos que se produzem no âmbito das relações interpessoais e firmes em seus princípios e metas.

Nesse sentido, um bom conhecimento teórico sobre os pressupostos das assembleias escolares, da resolução de conflitos e de aspectos metodológicos que auxiliem na construção de práticas justas e democráticas pode contribuir para que as pessoas que compõem o coletivo escolar se envolvam nessa experiência. Isso é importante porque não existe uma única maneira de operacionalizar as assembleias. Ao contrário, nos últimos 100 anos muitas experiências foram desenvolvidas em todo o mundo. De fato, essa proposta não constitui uma novidade.

Sabemos que o trabalho com assembleias se insere na perspectiva de vida daqueles que lutam para a construção de sociedades mais justas, democráticas e felizes e, para isso, contrariam interesses sociais, pessoais, ideológicos e culturais poderosos, defendidos por sistemas autoritários de poder. Assim, a "novidade" do que apresentaremos neste capítulo está mais no modo como vimos construindo uma prática de assembleias coerente com a realidade do sistema educacional brasileiro do que nos princípios que assume.

Aos interessados em conhecer formas diferentes de trabalhar as assembleias no âmbito escolar, indico as obras de A. S. Neil sobre a Escola Summerhill, criada por esse educador na Inglaterra dos anos 1920 e em funcionamento até os dias atuais. Complementando, vale também ler os livros de Célestin Freinet e conhecer a experiência das inúmeras escolas freinetianas no Brasil, ou ainda os relatos sobre a Escola da Ponte, em Portugal.

No Brasil existem diversas experiências espalhadas por todo o país. Merece destaque a Escola Municipal de Educação Fundamental Francisco Cardona, em Artur Nogueira (SP), cuja diretora, Débora Sacilotto, foi escolhida Gestora Nota 10 no Prêmio Victor Civita de 2012. Também em São Paulo, universo que conheço melhor, são várias as escolas, privadas e públicas, que em níveis diferentes vêm implementando os diversos modelos de assembleia. Escola Comunitária de Campinas, Escola da Vila, Lumiar, Porto Seguro, Politeia, Teia Multicultural, Nossa Senhora das Graças (Gracinha) e Viver são exemplos de escolas privadas. Na esfera pública, Desembargador Amorim Lima, Presidente Campos Salles e Chácara Sonho Azul são escolas com experiências consolidadas.

É bom lembrar que com o "Programa Ética e Cidadania: Construindo Valores na Escola e na Sociedade", que coordenei para o Ministério da Educação entre 2003 e 2009, experiências baseadas nos fóruns escolares de ética e cidadania – uma das formas de assembleia que discutirei adiante – foram implementadas em todos os 27 estados brasileiros.

Cada uma dessas experiências tem um modelo próprio de trabalhar o diálogo e a democracia no âmbito escolar e, ainda que elas sejam diferentes entre si, buscam o mesmo objetivo educacional: formar cidadãos críticos, autônomos e conscientes de seu papel político e social na construção de uma vida mais justa e feliz – tanto em âmbito pessoal quanto coletivo.

Faço essa ressalva porque considero fundamental evidenciar que os caminhos metodológicos que apontarei para implementar as assembleias não são os únicos nem talvez os melhores, mas fruto de muito estudo sobre as principais experiências nacionais e internacionais desse tipo de proposta educativa. E, acima de tudo, surgem da prática de longos anos em que, com inúmeros professores de todo o país, venho desenvolvendo o trabalho com assembleias em escolas públicas e privadas. Assim, não são propostas metodológicas rígidas, mas o resultado de uma boa base teórica e da busca de coerência interna para com os princípios que justificam sua introdução no cotidiano escolar. Penso que devem ser experienciadas de maneira adequada, dando tempo para que seus resultados apareçam.

Baseio-me, sobretudo, no trabalho dos autores catalães Josep Puig e Xus Martín e nos relatos das experiências que o Grup de Ricerca de Educación Moral (Grem) – da Universidade de Barcelona – vem levando a cabo nos últimos anos em escolas dessa cidade da Espanha. A produção desses intelectuais ajudou-me a sistematizar práticas que eu vinha desenvolvendo de maneira difusa e, também, a dar sustentação teórica e metodológica aos projetos de implantação das assembleias no Brasil. No corpo dos caminhos metodológicos que trarei, no entanto, encontram-se as adaptações à nossa realidade política e educacional.

Diferentes tipos de assembleia escolar

Compreendendo a necessidade cotidiana de democratização das relações escolares – e o papel das assembleias no trabalho educativo –, senti que era preciso organizá-las em quatro níveis distintos: na sala de aula; na escola; para os profissionais que atuam no espaço escolar; e para as relações entre escola e comunidade (por meio de fóruns). Desse modo, em cada instituição podem ocorrer simultaneamente quatro tipos diferentes de assembleia, cada uma com seus objetivos específicos.

O que chamo de "assembleias escolares" é composto de "assembleias de classe", "assembleias de escola", "assembleias docentes" e "fóruns escolares", como veremos sinteticamente a seguir.

Assembleias de classe

As assembleias de classe tratam de temáticas que envolvam o espaço específico de cada sala de aula. Dela participam um docente e todos os alunos de uma turma. Seu objetivo é regulamentar a convivência e as relações interpessoais no âmbito de cada classe. Realizada com encontros semanais de uma hora, serve como espaço de diálogo na resolução dos conflitos cotidianos.

Dependendo do ano escolar em que a assembleia de classe ocorre, certas nuanças devem ser consideradas. Nos primeiros anos do ensino fundamental, em que geralmente existe a figura do professor polivalente, o próprio docente assume o papel de coordenador e define o horário (que deve ser rígido, como veremos adiante) em que as assembleias se darão durante a semana.

Na segunda fase do ensino fundamental e no ensino médio, o processo é um pouco mais complicado, pois a grade horária é multifacetada, com a presença dos professores especialistas das diversas disciplinas. Em primeiro lugar, é preciso definir quando e onde as assembleias ocorrerão. Nas experiências desenvolvidas no Brasil até o momento, dois modelos aparecem para organizar tais assembleias: a) um professor da turma assume a função de coordenador, recebendo a remuneração específica daquela hora de aula, e trabalha como elo entre a classe e os demais docentes; b) nas escolas que contam com algum tipo de serviço de orientação educacional, o orientador assume o papel de coordenador do trabalho de assembleias. Nessas escolas, inclusive, esse trabalho permite um redirecionamento da função da orientação educacional, que deixa de ser o espaço para resolver problemas de indisciplina para assumir um papel de fato mais educativo.

Em todos os casos, as assembleias podem contar com a presença ocasional de outros profissionais da escola, os quais, incluindo um tema ou tendo uma temática de seu interesse citada na pauta, podem dela participar.

Assembleias de escola

A responsabilidade da assembleia de escola é regulamentar as relações interpessoais e a convivência no âmbito dos espaços coletivos. Contando com a participação de representantes de todos os segmentos da comunidade escolar, busca discutir assuntos relativos a horários (chegada, saída, recreio), espaço físico (limpeza, organização), alimentação e relações interpessoais. De seu temário devem constar aqueles assuntos que extrapolam o âmbito de cada classe específica.

Os representantes dos diversos segmentos (por exemplo, dois de cada classe, quatro docentes e quatro funcionários) são escolhidos obedecendo a uma sistemática de rodízio, de modo que, no transcorrer do tempo, todos os membros poderão participar das decisões coletivas. Sua periodicidade deve ser mensal, coordenada por um membro da direção da escola.

Como não é positivo ter assembleias com número muito elevado de participantes, e em virtude dos compromissos de horário dos profissionais que trabalham na escola, sugiro que seja feita uma assembleia de escola para cada turno de funcionamento (matutino, vespertino e noturno).

Assembleias docentes

Cabe à assembleia docente regulamentar temáticas relacionadas com o convívio entre docentes e entre estes e a direção, com o projeto político-pedagógico da instituição e com conteúdos que envolvam a vida funcional e administrativa da escola. Dela participam todo o corpo docente, a direção da escola e, quando possível, um representante das Secretarias de Educação ou da mantenedora.

Fóruns escolares

Os fóruns têm como papel essencial articular os diversos segmentos da comunidade escolar que se disponham a atuar no desenvolvimento de ações mobilizadoras em torno das temáticas de cidadania no convívio da instituição de ensino.

Sua composição é a mais aberta possível, pela própria característica de um fórum. Como base mínima de organização, no entanto, sugerimos que dele participem representantes de docentes, discentes, servidores e famílias. De acordo com a reali-

AUTOGESTÃO NA SALA DE AULA
AS ASSEMBLEIAS ESCOLARES

dade da escola, podem ser convidados líderes comunitários e representantes da comunidade, como comerciantes e moradores.

Quando instituídas na escola, essas quatro formas de assembleia complementam-se em processos contínuos de retroalimentação que ajudam a construir uma nova realidade educativa. Pode-se atingir a dupla finalidade de promover a atuação das pessoas nos espaços de decisão e de democratizar a convivência coletiva e as relações interpessoais, fortalecendo a democracia participativa.

De outra maneira, a experiência de exercer diferentes papéis nas assembleias – dependendo se é de classe, de escola ou docente – e no fórum permite aos sujeitos compreendê-las em suas distintas dimensões e funções. Um professor que atua como coordenador de uma assembleia de classe um dia pode estar no papel de membro regular de uma assembleia docente em outro, para depois representar seus pares na assembleia de escola. Com isso, pode compreender melhor como se sente um aluno quando exerce a função de representante; ou como uma aluna, numa assembleia de classe, deve se comportar quando tem de discutir um tema que afeta a coletividade; ou entender as responsabilidades de quem está na coordenação de uma assembleia.

É esse movimento contínuo que caracteriza o que acabei de chamar de "processo de retroalimentação" e permite enriquecer esse tipo de experiência no âmbito de cada instituição. O fato de podermos exercer papéis sociais distintos daqueles a que estamos acostumados ajuda no processo de descentração pessoal e cognitiva, tão importante para a construção da ética nas relações interpessoais. Com isso, podemos afirmar que a implementação das assembleias escolares nos quatro níveis propostos tem entre seus objetivos não só a formação de alunos, mas também a dos adultos que participam do espaço escolar.

Talvez esse seja um dos focos que geram resistências na hora de introduzir o trabalho com assembleias nas escolas. Costuma-se pensar que a formação da cidadania, ou a educação em seu sentido mais amplo, objetiva trabalhar apenas com as futuras gerações ou com os alunos. Muitas vezes, esquece-se de que a formação ética dos adultos que atuam nas escolas é tão importante quanto a dos estudantes, e esse deve ser também um objetivo a ser almejado pelo coletivo escolar. Daí a importância de tomar a decisão política de introduzir os quatro tipos de assembleia nas escolas.

A seguir, apresentarei características comuns à implantação das assembleias escolares, dedicando um item específico – ao final do capítulo – para tratar dos fóruns. Como esse tipo de assembleia envolve atores internos e externos ao espaço escolar e tem alguns princípios e procedimentos peculiares, sua descrição precisa ser apresentada de forma destacada.

O processo de implantação das assembleias

Assim como não existe uma única maneira de desenvolver as assembleias no âmbito escolar, também não existe um único modo de iniciar esse trabalho. Podemos imaginar uma situação ideal, em que o coletivo decide trabalhar as quatro formas citadas anteriormente, mas temos de reconhecer que isso dificilmente ocorre. Em geral, o trabalho se inicia com apenas um professor em sua classe ou com um grupo de professores e, aos poucos, dissemina-se. Esses caminhos devem permanecer abertos, pois são, muitas vezes, os únicos possíveis em instituições em que a direção ou a maioria dos profissionais prefere a manutenção de relações autoritárias, as quais garantem as instâncias de poder institucionalizadas e consolidadas.

Porém, devo aqui apresentar situações ideais para o bom desenvolvimento de tal projeto. As adaptações necessárias precisam ocorrer no espaço de cada instituição e com base em cada situação específica.

Como situação ideal, a implementação das assembleias escolares deve ser decidida no âmbito dos espaços democráticos já consolidados nas escolas, como aquele previsto nos conselhos escolares ou nos momentos de planejamento. Mediante estudos prévios sobre o tema e a discussão de suas implicações, os professores e a direção podem decidir iniciar o trabalho com as assembleias. Esse desejo coletivo é fundamental para o sucesso da experiência, pois garantirá a sustentação da decisão diante dos percalços que necessariamente aparecerão em um programa que mexe com as relações de poder dentro da escola.

Da experiência que tenho acumulado em diversos projetos, concluo que a melhor maneira de iniciar o trabalho é por meio das assembleias docentes. Com isso, a formação do corpo docente responsável por implantar as assembleias de classe e de escola, bem como os fóruns, tem uma oportunidade de aprendizagem em ação. Os docentes aprendem coletivamente na ação concreta, e não apenas na teoria, como organizar as discussões e o funcionamento de uma assembleia; assim, sentem-se mais seguros para iniciar o mesmo processo em suas classes.

Na maioria das escolas com que trabalhei e venho trabalhando, no entanto, a opta-se por iniciar o trabalho pelas assembleias de classe, pois os professores sentem-se mais à vontade para realizar experimentos de ensaio e erro diante dos estudantes do que de seus pares. É um caminho válido também, sobretudo, nos casos em que não se tem apoio explícito da direção ou da maioria dos docentes. É uma maneira de ir aprendendo, com a própria prática, as regras e os meandros de funcionamento de uma assembleia antes de iniciar a participação em espaços mais coletivos, como os das assembleias de escola e docente.

Venho falando bastante sobre aprendizagem, e muitos podem estar se perguntando por que centro tanto a discussão nesse ponto. A questão é que não podemos perder de vista a estrutura autoritária que caracteriza nossas escolas e as relações interpessoais ali presentes. As escolas funcionam em sintonia com as demais instituições da sociedade; esta ainda é autoritária, assim como a escola. Em geral, quem detém o poder manda e os demais obedecem – ou se calam para não sofrer as punições da autoridade constituída.

Assim, o diretor de uma escola tem poderes e instrumentos de coação e de recompensa para manter sua autoridade ou constituir um grupo de sustentação ao seu trabalho, podendo sancionar aqueles que lhe contestarem ou trazer benefícios para os que estiverem ao seu lado. Do mesmo modo, um docente tem poderes e instrumentos de coação e de recompensa para manter sua autoridade na sala de aula. Tais práticas estão de tal modo arraigadas no tecido social que caracteriza a escola que essas estruturas de relação são consideradas normais e as únicas possíveis em ambientes escolares. O mais incrível, em minha opinião, é que, mesmo estando explicitadas tais relações – que são encaradas como naturais –, em geral todos se consideram democráticos.

Não é o caso de prolongar essa discussão neste momento, pois já abordei o assunto em outra obra (Araújo, 2002), mas de reconhecer que as assembleias batem de frente com tal modelo de organização das relações escolares. Mudar as relações dentro da escola e das salas de aula pressupõe a aprendizagem de outras maneiras de resolver e enfrentar os conflitos cotidianos. Afirmo com plena convicção que isso não é tarefa fácil. Nós, professores, estamos tão acostumados com o poder institucionalizado pela sociedade, que nos dá o direito de decidir a vida dos estudantes – o que devem aprender, a maneira como devem sentar, o que é certo e o que é errado –, que pensar em dialogar sobre tais fatos e dividir responsabilidades com eles foge da instrumentalização tradicional que a sociedade e a própria escola nos propiciaram durante nossa formação.

Por isso saliento que fazer assembleias pressupõe uma aprendizagem democrática para docentes e discentes. Aprender a ouvir, a controlar nossos impulsos autoritários, a deixar o outro falar e a confiar no poder do grupo como agente de regulação coletiva são alguns dos processos construídos por meio do espaço de diálogo e de participação propiciados nas assembleias. Retomando o início da discussão, esse aprendizado também pode se dar na própria ação, durante os encontros.

Tomada a decisão de iniciar esse trabalho, seja de forma coletiva ou individual, começando por qualquer tipo de assembleia, é importante ter consciência de que, por ser um processo diferente de organização do convívio e do diálogo escolar, é necessário dar tempo para que as novas práticas se consolidem. Já vivenciei várias situações em que o grupo docente desiste depois de algumas assembleias, com o argumento de que dá muito trabalho e poucos resultados. Isso é típico de ações de resistência ao novo e característico de processos que levam ao imobilismo e à manutenção de práticas autoritárias, que parecem dar mais conforto às pessoas por evitar conflitos. É necessário confiar na construção paulatina das novas práticas e manter os espíritos mais negativos e conformistas sob controle, aguardando pelo menos um ano para que as aprendizagens e as novas formas de convívio se consolidem no interior dos grupos.

Por fim, gostaria de salientar também a importância de respeitar o tempo de cada um nos processos de transformação que pressupõe a implantação das assembleias. O primeiro passo para que um projeto complexo como esse não se consolide no interior da escola é dado quando se obrigam os docentes a fazer aquilo em que não acreditam ou para o qual ainda não se sentem preparados. Quando as pessoas são violentadas em seus princípios e crenças, de alguma maneira resistem às mudanças que lhes são impostas. Tais resistências podem vir na forma de apatia, de protestos explícitos ou, ainda, de jogos e fofocas de bastidores, tão comuns nos agrupamentos humanos.

O caminho a ser trilhado deve ser o da "sedução" aos princípios inerentes às assembleias. Os resultados positivos que contagiam o grupo, lentamente, permitem a incorporação de novos atores ao processo, respeitando o tempo e as crenças de cada um.

Entre as experiências concretas que embasam as discussões aqui expostas estão as assessorias que dei na primeira etapa do ensino fundamental na Escola Comunitária de Campinas (SP), entre os anos de 2001 e 2003, e na Escola da Vila, em São Paulo, entre 2004 e 2005.

No entanto, o trabalho mais significativo que posso compartilhar para ilustrar essa discussão está na assessoria que prestei em 2000 a um grupo de 50 professoras de uma escola pública de um município do interior de São Paulo. Tal experiência está relatada no livro *A construção de escolas democráticas: histórias sobre complexidade, mudanças e resistências* (2002). Iniciamos o trabalho com as assembleias docentes exatamente para que todos os professores pudessem saber, na prática, o que isso significava. Após quatro meses, no começo do ano letivo, iniciamos as assembleias de classe com apenas quatro professoras. Aos poucos, outros docentes foram se incorporando ao projeto, por sentir-se mais seguros, por pressão dos seus alunos que viam os colegas de outras classes fazendo assembleias e, sobretudo, por reconhecer as mudanças positivas ocorridas nas relações entre os próprios estudantes e entre eles e os professores que praticavam as assembleias. O relato dos colegas acerca dessas mudanças foi fundamental para que, no final daquele ano letivo, tivéssemos 25 professoras fazendo o trabalho sistemático com assembleias em classe.

Existem, no entanto, duas questões fundamentais relacionadas ao que vimos discutindo até o momento que eu gostaria de abordar. A primeira diz respeito aos demais 25 professores da escola que não realizavam o trabalho sistemático com assembleias. A segunda questão trata do tempo que foi necessário para começar as assembleias de escola.

No caso desses 25 docentes, embora eventualmente tivessem de realizar assembleias em classe para que os representantes levassem temas à composição da pauta das assembleias de escola, não conseguiram fazê-lo de maneira sistemática. Entre as várias razões alegadas, alguns assumiam que não acreditavam nessa prática e achavam que a postura docente em sala de aula deveria ser autoritária para formar o caráter das crianças; outros ainda se sentiam inseguros e tinham medo de perder o controle da situação e da turma. Enfim, o que eu gostaria de ressaltar é que durante o processo esses 25 professores foram respeitados em sua posição e tiveram a possibilidade de não levar a cabo as assembleias de classe. Não foram seduzidos pela proposta, apesar do empenho da direção e de muitos colegas e alunos, e consideramos que, democraticamente, tinham o direito de não fazer aquilo em que não acreditavam ou a que não se sentiam aptos.

Vários dirigentes educacionais que tiveram acesso a esses fatos questionaram nossa postura no caso. Para eles, imbuídos do espírito autoritário que caracteriza nossa sociedade, o poder público, ao investir recursos na formação docente, tem o direito de exigir que todos que recebem tal formação assumam seus princípios, mesmo que nela não acreditem. Reiterando o que já disse, creio que esse é o primeiro passo para o fracasso das políticas públicas em educação, pois quando as pessoas, de qualquer idade, sentem-se violentadas em suas crenças resistem ao que lhes é imposto. No caso do trabalho citado, considero um dado excelente pensar que, no período de um ano letivo, a metade dos docentes de uma escola construiu, por decisão própria e não por imposição, práticas mais democráticas e dialógicas com seus alunos. É um caminho para reflexão.

No caso das assembleias de escola, novamente foi significativo perceber que a direção escolar demorou quatro meses para iniciá-las. Enquanto seguíamos com o trabalho, vimos como, movida por medos e inseguranças, a direção ia constantemente cancelando sua realização. De fevereiro passou-se para março, depois para abril e, finalmente, quando todas as "desculpas" possíveis acabaram, a assembleia aconteceu em maio, com resultados excelentes, os quais animaram todo o grupo. Ou seja, mais uma vez foi preciso respeitar o tempo das pessoas para que o trabalho fosse construído de maneira sólida e consistente no interior da instituição.

Fica claro, assim, que a construção das assembleias escolares deve ser concebida como um processo democrático que ocorre num longo período e considera, acima de tudo, as necessidades psicológicas das pessoas envolvidas. Compreender os medos, os receios, as resistências, os desejos e as vontades dos profissionais implicados nesse processo é condição fundamental para o êxito da implantação de propostas como essa, que buscam transformar, de maneira significativa, o cotidiano das escolas e democratizar as relações ali presentes.

Passemos, então, a discutir os procedimentos que consolidam as assembleias escolares.

Os procedimentos para a realização das assembleias

Embora cada tipo de assembleia tenha características e objetivos específicos, existem alguns procedimentos comuns a todos. Tentarei apresentar e discutir criticamente aqueles que configuram a proposta metodológica de assembleias que desenvolvemos nos últimos anos.

A mobilização do grupo

O primeiro passo consiste em mobilizar o grupo para a importância e os significados de estabelecer os espaços de diálogo e participação que caracterizam as assembleias. Para isso, a primeira ação concreta é desenvolver alguma atividade que leve o coletivo a estudar e a discutir o que são e como funcionam. Tal iniciativa

– seu conteúdo e sua forma – depende do tipo de assembleia, em virtude da diversidade dos membros que dela participam.

Assim, a mobilização para as assembleias de classe pode começar com a aplicação de uma atividade didática que leve os estudantes a discutir a importância do diálogo para a resolução dos conflitos escolares cotidianos e para o encaminhamento de propostas que melhorem o convívio da classe. O livro *Democracia e participação escolar* (Puig *et al.*, 2000) traz exemplos de atividades com esse objetivo que podem ajudar os docentes a desenvolver esse primeiro trabalho.

No caso das assembleias docentes, a leitura desse livro ou de algum de seus capítulos pode servir de base para tal mobilização. A obra *Resolução de conflitos e aprendizagem emocional: gênero e transversalidade* (Sastre e Moreno, 2002) também traz contribuições para que os docentes percebam a dimensão e as possibilidades desse tipo de trabalho.

Ressalto que o grupo que participar das assembleias precisará se conscientizar, desde o início, dos objetivos de diálogo e participação nessas reuniões visando à resolução de conflitos e à constituição de espaços de convivência mais positivos e democráticos. Ao mesmo tempo, deve-se compreender que esse espaço precisa também de momentos prazerosos, em que se fale de coisas positivas, felicitem-se as conquistas pessoais e coletivas e discutam-se projetos futuros.

É preciso evidenciar, também, que as assembleias não têm o objetivo de resolver problemas de indisciplina nem de eliminar comportamentos considerados inadequados por colegas e professores, pois esse tipo de premissa gera falsas expectativas no grupo quando este descobre que as assembleias não são "mágicas". Na fantasia de muitas pessoas, talvez por influências religiosas em nossa cultura, cultiva-se o desejo inconsciente de criar um ambiente isento de conflitos na escola, em que não existam discórdias ou as diferenças não se manifestem. É bastante comum o desejo dos docentes de entrar em uma sala de aula homogênea, cheia de alunos estudiosos, limpos, bem-educados, que não brigam nem fazem brincadeiras entre si, em que ninguém atrapalha a aula etc. Ora, isso não é real nem possível em nenhum agrupamento humano onde se reúnam pessoas absolutamente diferentes, oriundas de estruturas familiares, sociais e ideológicas distintas.

Pela diversidade nas crenças, nos valores e na cultura – diversidade essa que constitui a riqueza da natureza e dos agrupamentos humanos –, o conflito é algo inerente à vida e não deve ser encarado como algo a ser eliminado ou escondido, como se não existisse. O desafio a ser encarado nos espaços públicos é saber lidar com as diferenças e aproveitá-las como matéria-prima para o desenvolvimento pessoal e coletivo.

Retomando a discussão, se o grupo começar o trabalho com assembleias pensando que após algumas sessões não haverá mais conflito, o método pode ser desacreditado. Já presenciei inúmeras cenas de alunos que não quiseram mais participar das assembleias porque elas "não resolvem nada"; ou de professores que afirmaram que parariam o trabalho porque "o Joãozinho continua batendo nos colegas" ou "a diretora insiste em não atender às nossas reivindicações". Entendo, pois, que o problema está no fato de que essas pessoas criaram a falsa expectativa de que o objetivo das assembleias é eliminar os problemas – daí a frustração, que ajuda a justificar a desistência precoce ou a evitar a construção de novas maneiras de encarar a resolução de conflitos cotidianos.

Com as assembleias, o que se consegue, em geral com muito trabalho e esforço, é manter os comportamentos inadequados em níveis democraticamente aceitáveis. Isso significa que os conflitos cotidianos serão encarados como normais nos espaços públicos, mas poderão ser alvo de apreciação sistemática, empregando-se para isso recursos dialógicos.

Por isso, o foco da mobilização inicial para as assembleias deve ser o de levar o grupo a refletir sobre a importância de criar espaços dialógicos que melhorem a convivência dentro da escola e das salas de aula, ao mesmo tempo que contribuam para a formação de valores sociais e pessoais mais democráticos e de mais capacidade para lidar com os sentimentos e as emoções próprios e dos demais.

A sistematização da periodicidade

Como já vimos, as assembleias escolares têm forte vínculo com a construção de personalidades morais que contemplem a democracia e a justiça. E uma das características que sustentam a democracia na forma como a entendemos hoje é a importância da regularidade nas normas que regem os espaços públicos. Essa é uma das regras pétreas de uma constituição.

Assim, com relação à periodicidade das assembleias, é fundamental garantir sua regularidade de acordo com o tipo realizado. Na verdade, considero esse um dos temas "sagrados" na organização desse trabalho, pois seu descumprimento traz sérias consequências tanto para o funcionamento da assembleia quanto para o seu papel de referência na construção de valores democráticos pela comunidade escolar.

Para ilustrar essa discussão, cito a periodicidade estabelecida para as eleições em sociedades democráticas. Assim, os mandatos de prefeito, governador e presidente, no caso do Brasil, são renovados a cada quatro anos. E isso é "sagrado".

Imagine que um prefeito resolva pensar que anda ocupado demais com outros afazeres, ou que sua administração está muito boa e, portanto, prorrogará seu mandato ou indicará quem o substitua. Essa é uma característica dos Estados ditatoriais, para os quais a vontade popular e a participação cidadã não têm importância. Afinal, "o povo não tem cultura ou competência para escolher bem seus dirigentes", como se ouve por aí. Em geral, os argumentos são sempre de que procuram o benefício coletivo, visto que ninguém assume em público o autoritarismo ou a ditadura. Na democracia, a participação dos cidadãos é um pressuposto essencial. Mesmo que seja para dizer que a administração atual está boa e merece continuar por quatro anos, é fundamental que a população se manifeste e esse espaço seja garantido.

No caso das assembleias, aplica-se o mesmo princípio. A periodicidade estabelecida deve ser sagrada e o excesso de trabalho, a falta de tempo ou as avaliações pessoais sobre o bom andamento do grupo jamais podem ser empregados como argumento para suspender sua ocorrência nos dias e horários definidos. A certeza de que esse momento estará sempre garantido permite a construção da estabilidade nos processos de regulação social. A convicção de que as assembleias ocorrerão no dia previsto, e com a periodicidade combinada, garante que os membros que delas participam possam se organizar e construir maneiras de atuação que se mantenham ao longo do tempo. Esse tipo de aprendizagem é essencial para a construção de valores, permitindo que os conflitos na escola sejam enfrentados constantemente – como um processo – e não apenas de forma pontual.

É comum professores suspenderem suas assembleias de classe por estarem atrasados com o conteúdo de suas aulas, ou por enfrentarem necessidades na organização de projetos e festas escolares. Por sua vez, a escola pode ser tentada a suspender as assembleias de escola em virtude de uma festa ou do estressante ritmo de trabalho dos docentes em vésperas dos conselhos de classe. É preciso ter consciência de que cada vez que isso acontecer os responsáveis estarão agindo como ditadores, autoritários, que suspendem o espaço de participação popular. Embora os argumentos empregados tenham lá sua lógica social, isso não diminui o estrago que tais suspensões provocam na construção dos espaços democráticos dentro da escola.

Concluindo, a periodicidade das assembleias deve ser encarada como algo sagrado pela escola e mantida em qualquer situação. Minha proposta de trabalho é que no início do ano letivo seja fixado um calendário, já prevendo todos os encontros durante o ano, para que as pessoas possam se programar e se organizar. A periodização ideal é:

» Assembleia de classe: semanal.
» Assembleia de escola: mensal.
» Assembleia docente: mensal.
» Fórum escolar: semestral.

Sobre o que se fala durante as assembleias

Na perspectiva em que trabalhamos, existem dois grandes eixos de conteúdo comuns nas assembleias de escola, de classe e docentes mas não se aplicam nos fóruns escolares, que abordaremos mais adiante. São temáticas referentes ao "convívio escolar" e às "relações interpessoais". Em "convívio escolar" incluímos assuntos que afetam o coletivo da classe ou da escola. Assim, nesse eixo de conteúdos, por exemplo, introduzimos a limpeza dos espaços coletivos, as ações que tumultuam o bom andamento das atividades, o papel dos prestadores de serviço e a organização do espaço e do tempo. Já as "relações interpessoais" referem-se a temas que afetam pessoalmente os membros da instituição nas relações que mantêm entre si. Assim, as brigas entre colegas, as perseguições por motivo acadêmico ou pessoal, as relações autoritárias, o assédio psíquico e moral e as chantagens são alguns exemplos de temas que merecem ser tratados nas assembleias.

Embora nas assembleias docentes a temática possa ser livre, pois muitas vezes é necessário abordar assuntos de natureza política e administrativa que afetam a vida pessoal e profissional dos docentes, o foco deve estar, também, nesses dois grandes eixos de conteúdo. No caso das assembleias de classe e de escola, a composição das pautas pode ser limitada aos temas de convívio escolar e a relações interpessoais, devendo outros assuntos ser abordados apenas eventualmente.

Muitas pessoas questionam esse "fechamento" de pautas, sobretudo quando comparado com outras propostas, em que os estudantes falam sobre qualquer tema e chegam inclusive a decidir sobre o currículo escolar durante as assembleias. Esse é, de fato, um dos grandes diferenciais da proposta que ora apresentamos neste livro em relação a algumas experiências difundidas internacionalmente. Para justificar a postura adotada, é preciso retomar a discussão sobre democracia escolar.

Como vimos, há uma assimetria natural nos papéis que estudantes e docentes exercem na escola, assim como no papel de dirigentes e docentes. A escola, portanto, é uma instituição social permeada por agentes que têm responsabilidades diferentes e, por isso, não podem ser tratados como iguais no exercício de suas obrigações.

Nesse sentido, discordamos das propostas educativas que defendem o princípio de que a escola deve ser gerida exclusivamente em função dos interesses da maioria de seus membros: os estudantes. Como instituição social, que tem o objetivo de instruir e formar as futuras gerações, os adultos que ali trabalham têm responsabilidades para com a sociedade e para com as famílias, e um preparo profissional que lhes assegure determinadas condições de atuação. Portanto, não entendemos que seja uma responsabilidade dos estudantes decidir se devem ter aulas de Matemática ou não, se determinado professor deve lhes dar aulas ou qual deve ser o horário de funcionamento da escola. Da mesma maneira, não creio que certas decisões acadêmicas devam ser tomadas pelos docentes em assembleia, pois existe um diretor com responsabilidades diante do Estado e da sociedade, o qual estabelece leis e normas que ultrapassam seu poder de decisão, pois foram democraticamente aprovadas no Congresso Nacional, por exemplo.

É evidente que também não estou defendendo uma postura heterônoma, de subserviência das pessoas às leis e normas de nível hierárquico superior, pois elas são muitas vezes injustas e precisam ser autonomamente questionadas e superadas pelo grupo e pelos indivíduos. Refiro-me a princípios de organização e níveis distintos de responsabilidade que promovem diferenciações e hierarquias no âmbito escolar e não têm podem ser ignorados, pois a escola não existe à margem da sociedade. A superação dos níveis hierárquicos, quando necessária pelas injustiças sociais, deve se dar empregando instrumentos democráticos.

O espaço de diálogo deve estar sempre assegurado, e esse é um dos papéis das assembleias na construção de valores socialmente desejáveis. Um coletivo, porém, não pode tomar decisões que extrapolem seu âmbito de responsabilidades, sob pena de gerar consequências que afetarão negativamente a vida de outras pessoas.

Para exemplificar, os estudantes de um grupo podem discutir a violência na escola e apontar caminhos para seu enfrentamento, mas jamais podemos lhes outorgar o direito de estabelecer sanções àqueles que descumprirem a regra de não brigar. A sanção, quando necessária, deve ser aplicada por quem tem a responsabilidade e a formação profissional adequada. Os estudantes poderiam decidir, por exemplo, pela expulsão de um colega que os incomoda – pela falta de consciência das consequências pessoais, sociais e políticas de tal ato – e teriam de ser desautorizados pelo diretor, que sabe que nem a diretoria de ensino do município ou do estado nem a família aceitariam tal sanção. Os estudantes podem até discutir e dialogar sobre a violência, mas qualquer tipo de sanção tem de ser decidida pela direção ou pelos adultos, de quem a sociedade exige formação específica e a quem outorga responsabilidades. Do mesmo modo, a responsabilidade de punir aqueles que descumprem as normas sociais recai sobre os juízes de direito, habilitados para tal. Uma sociedade democrática não aceita, por motivos óbvios, que seus cidadãos façam justiça com as próprias mãos.

Em outro nível de discussão, a assembleia de uma classe não pode tomar decisões que afetem outras turmas, nem os professores podem decidir, em uma assembleia docente, aumentar os próprios salários. Em uma sociedade democrática existem espaços e níveis de responsabilidades que precisam ser respeitados. Com isso, voltamos à nossa ideia original. Sobre o que se fala nas assembleias? Preferencialmente, sobre temáticas de convívio escolar e relações interpessoais, pois são elas que permeiam o dia a dia das atividades cotidianas e afetam a vida das pessoas. Assim, cada turma pode discutir e propor caminhos de ação sobre temas que afetam a própria sala. O que extrapola esse âmbito e afeta outros grupos precisa ser levado para o espaço das assembleias de escola.

Por fim, cabe retomar outra discussão já levantada: ao falar do convívio escolar e das relações interpessoais as assembleias devem abordar apenas os conflitos que lhes são inerentes? Tratar apenas de aspectos negativos e conflitivos da escola em um espaço como esse é negar a riqueza das relações humanas, a beleza das amizades e as conquistas coletivas que movem essas relações. Assim, mesmo focando esses dois grandes eixos de conteúdo, é preciso trazer para o cotidiano das assembleias os momentos prazerosos da escola, falar de coisas positivas, felicitar as conquistas pessoais e coletivas e discutir os projetos futuros. Não se devem perder de vista esses aspectos durante as assembleias, sob pena de tornar esse espaço pesado, sem prazer, aonde se vai apenas para tratar de problemas públicos, renegando a importância da dimensão privada da vida e de nossos sentimentos mais sublimes para a construção da ética nas relações. Essa perspectiva ficará mais evidente no próximo item, quando apresentaremos a proposta de composição das pautas.

Enfim, mesmo com essa limitação de temas e responsabilidades, entendo que as assembleias auxiliam os membros que delas participam a entender os limites sociais que devemos respeitar e permitem cumprir o objetivo de formar os futuros cidadãos para que aprendam a participar da vida social e política da sociedade, tornando-a mais justa e feliz.

A preparação das assembleias e a composição da pauta

Veremos a seguir uma série de procedimentos que, se aplicados devidamente, aumentam a probabilidade de que as assembleias cumpram seus objetivos. O primeiro deles refere-se à preparação das assembleias e à composição da pauta de temas que serão abordados.

A pauta é construída coletivamente durante a semana que antecede a assembleia. No caso das de classe, que têm periodicidade semanal, após uma assembleia já se começa a preparação da próxima. No caso das assembleias de escola e docente, mensais, sugerimos que a pauta seja construída durante a semana anterior à sua realização, para não haver dispersão de interesses no decorrer do mês. Mais adiante, discutiremos os fóruns escolares.

Qualquer membro da comunidade pode sugerir temas para as pautas. Assim, para as assembleias de classe, o diretor ou a professora de Educação Física, por exemplo, podem propor que se abordem determinados temas. Nas assembleias de escola, um professor ou funcionário, mesmo que delas não participem, podem indicar assuntos. E no caso das assembleias docentes um grupo de alunos também pode sugerir que os professores discutam uma temática que lhes diga respeito. Com isso, a pauta passa a ter maior riqueza de possibilidades de discussão e composição.

Quanto aos temas que comporão as pautas, trabalhamos nos últimos anos organizando-os em dois grandes blocos de discussão: *críticas* e *felicitações*. A razão mais evidente para tal divisão, apresentada anteriormente, é que as assembleias devem ser permeadas por momentos de resolução dos conflitos cotidianos, expressos no âmbito das críticas, mas também por momentos em que se cria um clima positivo, presentes nas felicitações. Assim, as temáticas envolvendo "convívio escolar" e "relações interpessoais" aparecem nas pautas organizadas nesses dois blocos.

Muitas escolas escolhem outros termos, às vezes mais adaptados às diferentes faixas etárias dos estudantes. Por exemplo: em vez de "críticas", usam "quero falar sobre" ou "não gostei de". Em vez de "felicitações", adotam "gostei de" ou "coisas positivas". Isso é uma questão secundária, mas insisto que, para qualquer idade, fazer críticas e felicitações parece-me mais adequado, pois expressa com exatidão o tema das assembleias.

Como são organizadas as pautas? Utilizando uma cartolina afixada em lugar visível a todos os participantes, com uma divisão que separe os dois blocos de conteúdo, da seguinte forma:

EU CRITICO	**EU FELICITO**

Estando colocada em local visível, as pessoas vão escrevendo as críticas e sugestões que querem debater durante a assembleia. A cartolina para a assembleia de classe deve permanecer na parede da sala toda a semana. No caso de salas de aula em escolas multiturno, que são utilizadas por turmas diversas nos diferentes períodos, deve-se garantir a visibilidade da pauta/cartolina em paredes separadas.

Já a cartolina da assembleia docente deve ser afixada na sala dos professores (por exemplo) uma semana antes de sua realização. Em relação à assembleia de escola, quando todos os grupos (estudantes, docentes e funcionários) tiverem apresentado à direção os temas para a pauta, decididos em reuniões com esse fim específico e organizados na sequência em que serão tratados, tal cartolina deve ser afixada no pátio da escola pelo menos 48 horas antes do encontro.

Nesse processo de construção coletiva da pauta, alguns aspectos precisam ser observados: o anonimato, a forma e o conteúdo da escrita e a importância da visibilidade. Tratemos desses temas.

É importante que as pessoas que anotarem algum tema nas pautas não se identifiquem. Poderão fazê-lo no momento da assembleia, mas na escrita é melhor que a pauta não reflita uma personalização, pois tal fato pode interferir negativamente na sua construção. As temáticas podem refletir desejos e críticas pessoais, que desviam o objetivo de discutir princípios – tornando a pauta, por vezes, canal de "recados" entre pessoas.

Um dos princípios mais caros à boa organização das assembleias consiste no modo como os conteúdos são anotados na pauta. Eles necessariamente devem ser impessoais e referir-se a temas e não a pessoas concretas.

O objetivo de uma assembleia é debater princípios, atitudes, e daí criar as regras de regulação coletiva e as propostas de resolução dos problemas. Discutem-se as brigas na escola, a sujeira da classe, o assédio moral ou sexual, o fato de as aulas estarem sendo prejudicadas por determinados comportamentos – e não quem está cometendo tais faltas. Isso porque as regras não podem jamais ser personalizadas. Ao contrário, têm de ser coletivas.

Ou seja, se existem brigas na escola que incomodam os estudantes, o objetivo da assembleia não é punir determinado aluno ou estabelecer uma regra de que "o João não deve brigar com o Paulo". O problema em questão é a briga entre colegas, pelo princípio de violência que lhe é inerente, em qualquer momento. A discussão deve centrar-se nas causas e consequências da violência. Assim, a regra aponta, no seu enunciado ou nos modos de encaminhamento, a postura da classe contrária a tais ações.

O terceiro aspecto que gostaria de discutir é a importância a ser dada à visibilidade da pauta, positiva quando os princípios de anonimato e não personalização abordados anteriormente forem adotados. O fato de a cartolina sempre estar à vista de todos exerce um papel de regulação do grupo que contribui para o melhor funcionamento da escola ou da classe. Assim, deixar claro que o tema das brigas será discutido brevemente ajuda a inibir possíveis ações violentas; da mesma forma, o elogio a determinado comportamento pode servir de reforço positivo para um aluno específico ou para o grupo.

Esse princípio contrapõe-se a algumas iniciativas de professores e diretores que, alegando falta de espaço disponível, colocam a pauta dentro de pastas, ocultando-as. Tal proposta não contribui para a visualização coletiva das críticas e felicitações que o grupo compartilha, além de ajudar a esvaziar a importância da assembleia.

AUTOGESTÃO NA SALA DE AULA
AS ASSEMBLEIAS ESCOLARES

Vejamos um exemplo de pauta de assembleia:

EU CRITICO	EU FELICITO
Pessoas que atrapalham a aula	A atividade de consciência à crítica
Pessoas que roubam o lanche do outro	Termos conseguido organizar o projeto
Meninos que passam a mão no bumbum das meninas	Que a professora nos deixa usar o material do armário sem pedir
O fato de eu não ter nenhum amigo	O Marcos, porque está levantando a mão para falar
Quem faz muita falta no futebol	O João, pela melhora na ortografia
Quem não segue a regra para ir ao banheiro	O Rodrigo, por não fazer mais faltas no futebol

Observe que no item "Eu felicito" aparece a personalização dos fatos, o que é positivo, pois auxilia, muitas vezes, a construção de uma autoestima positiva por parte dos alunos e também do grupo.

Por fim, surge uma questão importante. A pauta levada à assembleia segue a sequência de temas apontados na cartolina? A resposta é negativa, pois não necessariamente a ordem em que eles foram escritos reflete sua importância. Além disso, costumam aparecer temas repetidos ou semelhantes que precisam ser agrupados para a realização mais eficiente da assembleia.

Organizar a pauta no espaço da assembleia é contraproducente, pois se utilizaria quase todo o tempo para isso. Na proposta que trabalhamos, é necessário haver uma reunião prévia para a organização da pauta definitiva, aquela que será levada à assembleia.

Para organizar as assembleias de classe, sugerimos que o professor e dois estudantes se reúnam rapidamente em qualquer momento antes do encontro. No caso da assembleia docente, o processo se repete com a participação da direção e de dois professores. Para as assembleias de escola, de posse da proposta de temas encaminhada por docentes, estudantes e funcionários, a direção se reúne com um representante de cada um desses segmentos, pelo menos 48 horas antes do encontro, para organizar a pauta definitiva.

O processo de organização da pauta deve levar em consideração alguns aspectos. O primeiro deles é o estabelecimento de uma hierarquia nas temáticas; o segundo consiste em agrupar temas semelhantes; o terceiro aspecto é a garantia de que todos os temas propostos estejam presentes na pauta definitiva.

Evidente que não podemos colocar em um mesmo nível um tema que aborda a violência e outro que critica o fato de os livros da classe sempre estarem fora do lugar. É preciso estabelecer uma hierarquia dos assuntos a ser discutidos, inclusive porque aqueles mais sérios e complicados devem ser os primeiros a ser abordados, já que demandam mais tempo. Assim, independentemente da sequência em que os temas foram escritos na cartolina, o grupo encarregado de organizar a pauta deve estabelecer uma hierarquia para a discussão, colocando-os em ordem de importância.

Nessa organização, cabe um grande grau de subjetividade, claro, mas o bom senso ajuda. Em geral, os assuntos sobre violência (de todos os níveis) devem ser priorizados; em seguida,

AUTOGESTÃO NA SALA DE AULA
AS ASSEMBLEIAS ESCOLARES

vêm as temáticas mais coletivas – tanto de convívio quanto de relações interpessoais – e, por fim, os temas mais isolados, que afetam menos pessoas ou não são pertinentes ao espaço das assembleias.

O segundo aspecto a ser considerado na organização de uma pauta é que muitos temas são iguais ou semelhantes, não havendo necessidade de repeti-los na pauta definitiva. O melhor a fazer é agrupá-los. Por exemplo, críticas a "alunos que atrapalham a aula" e a "alunas que batucam na carteira durante as aulas" podem ser reunidas em um mesmo item: "Estudantes que perturbam as aulas". Em outro exemplo, de assembleia de escola, críticas a "pessoas que ameaçam bater nos colegas na hora do recreio" e a "alunos que ficam brincando de chutar no recreio" podem ser discutidas como "Violência durante o recreio". Com isso, diminuem-se a extensão da pauta e a quantidade de regras a ser estabelecidas, o que resulta no aumento do tempo disponível para as discussões de cada item.

Por fim, o terceiro aspecto de organização da pauta refere-se à necessidade de respeitar todos os itens apontados na cartolina. Se um estudante apontar um tema e sua proposta não for contemplada na pauta definitiva, a tendência é que ele não legitime o espaço da assembleia. Se tal fato for uma constante, em poucas semanas notar-se-á a diminuição dos temas escritos na cartolina ou até mesmo a apatia dos estudantes durante a assembleia.

Ao professor compete cuidar para que tal fato não ocorra: ao redigir um tema que agrupe várias propostas da pauta, ele deve incorporar o princípio de todas as ideias, sempre explicando à turma o que fez e os critérios adotados. Se um estudante não concordar que seu tema seja o mesmo proposto na pauta definitiva (às vezes a redação de um assunto fica confusa), deve-lhe ser assegurado o direito de colocar sua temática na pauta. Não é preciso polemizar durante a assembleia quando tal fato ocorrer, pois caso o estudante esteja equivocado isso será evidenciado no momento de discutir o tema.

Outro fato bastante comum é o grupo responsável por organizar a pauta definitiva avaliar que determinados temas escritos na cartolina são pouco relevantes ou não têm relação com o espaço da assembleia. Mesmo assim, por respeito a seus autores, precisam ser incluídos. Evidentemente, são colocados no final da pauta e explicada aos proponentes a posição dos organizadores.

O registro por meio de atas

Um aspecto essencial para qualquer tipo de assembleia é o registro das discussões e dos temas abordados. Com esse instrumento, que exerce a função de ata, permite-se construir a história do grupo, deixar gravadas as decisões para consultas posteriores e, também, marcar o compromisso de todos os membros do grupo com as regras e os encaminhamentos resultantes das assembleias.

Propomos a elaboração de um livro-ata, simples, no qual sejam anotados: a) um cabeçalho com data, local e tipo de assembleia; b) cada tema constante da pauta e as regras elaboradas e/ou decisões tomadas; c) os encaminhamentos sugeridos para o enfrentamento do conflito ou para o cumprimento da regra. No fim da ata, depois de anotados cada tema e suas decisões, na mesma página devem constar a identificação da equipe que coordenou a assembleia e a assinatura de cada um dos presentes.

De fato, utiliza-se apenas uma folha para esse registro, que deve permanecer encadernada na sequência cronológica das assembleias.

O dado que nos chama a atenção é a exigência de que todos os presentes assinem essa ata. Tal detalhe pode parecer insignificante, mas a experiência demonstra que, quando todos os membros assinam o documento atestando sua participação nas decisões tomadas, aumenta a probabilidade de eles se comprometerem com sua execução.

Por isso, além da importância de construir uma memória do processo de assembleias em cada grupo, a confecção das atas auxilia no cumprimento dos objetivos a que se propõem.

A coordenação e a representação nas assembleias

Concluindo a análise dos procedimentos que asseguram que as assembleias atinjam seus objetivos, antes de detalhar seu funcionamento é preciso tratar dos temas da coordenação, da representação e dos cargos nas assembleias. O que reúne todos eles em uma mesma abordagem é sua forma de organização.

Como vimos no início deste livro, entre os objetivos das assembleias está a formação de pessoas que aprendam a participar da vida pública e política da sociedade, e, em termos gerais, nos opomos à concepção de democracia representativa no sentido que a sociedade e as escolas a organiza. Não trabalhamos com o conceito de que devemos eleger para mandatos anuais nossos representantes de classe ou de grêmios estudantis, ou os representantes docentes que participarão dos conselhos. Por exemplo, numa forma de transposição perversa da política partidária para o espaço escolar, mais de uma vez presenciei eleições escolares em que crianças ofereciam vantagens (e bens materiais) aos colegas se votassem nelas para representante de classe. Não é esse tipo de formação que almejamos. Nosso objetivo é o de formar pequenos políticos que assumam a função de representar a sociedade e não cidadãos que, quando no exercício de suas responsabilidades, representem apenas a si mesmos e a seus próprios interesses.

Os cargos existentes nas assembleias escolares e nos espaços que exigem representação não são fixos, mas rotativos, de modo que a coordenação e a representação do coletivo podem ser experienciadas pelo maior número possível de pessoas. Vejamos como funciona esse princípio.

Apesar de a implantação dos diversos tipos de assembleias exigir a escolha de pessoas para exercer sua coordenação e para representar o coletivo, as escolhas são pontuais, de curta duração. O melhor exemplo pode ser o da assembleia de escola, cujo funcionamento pressupõe a participação de representantes de cada classe, dos docentes e dos funcionários. Na sistemática que adotamos, cada classe envia dois representantes, os docentes enviam quatro e os funcionários, dois. A cada mês, metade dos representantes é substituída. Vejamos um esquema dessa organização.

a   Assembleia 1:
    Representantes de classe – A e B
    Representantes docentes – 1, 2, 3 e 4
    Representantes dos funcionários – F1 e F2

b   Assembleia 2:
    Representantes de classe – B e C
    Representantes docentes – 3, 4, 5 e 6
    Representantes dos funcionários – F2 e F3

c Assembleia 3:
Representantes de classe – C e D
Representantes docentes – 5, 6, 7 e 8
Representantes dos funcionários – F3 e F4

Desse modo, mantém-se sempre a metade dos representantes de uma assembleia para outra, de maneira que os que permanecem conheçam o histórico do encontro anterior. Porém, seu mandato é de dois meses. Com essa sistemática, no final de um ano escolar, pensando em dez assembleias no ano, 11 alunos de cada classe, 22 professores e 11 funcionários representarão seu grupo nas assembleias de escola.

No caso das assembleias de classe, além do docente que coordena as primeiras assembleias, para transmitir um modelo de funcionamento aos estudantes, existem dois estudantes-coordenadores por encontro. São eles que auxiliam o professor na organização da pauta definitiva da assembleia e, com supervisão deste, coordenam o funcionamento das reuniões após os primeiros meses.

A cada mês, dois novos estudantes exercem essas funções (que podem ser, por exemplo, de coordenação e de relatoria), de tal modo que, se pensarmos que tais assembleias são semanais e podem ocorrer 30 por ano, todos os alunos da classe passarão pela experiência de coordenação nesse período.

Tal forma sistematizada de funcionamento atende a vários interesses paralelos. Todos os estudantes podem aprender, na prática, os segredos e os meandros de coordenação do trabalho coletivo e também a importância da representação do coletivo em outras instâncias. Não tenho dúvida de que essa experiência contribui de modo significativo para a aprendizagem da cidadania, bem como permite construir a consciência coletiva sobre a importância e as dificuldades de atuar em distintas funções sociais. Uma vez que determinado estudante passou pela coordenação de uma assembleia e sentiu as dificuldades de controlar "a vez de falar dos colegas", por exemplo, ele provavelmente levará isso em consideração quando estiver do outro lado, participando da discussão.

É importante frisar, porém, que o papel do professor é fundamental na coordenação das assembleias de classe, pela sua responsabilidade com o grupo e com seus objetivos. Assim, deve passar a coordenação efetivamente aos alunos apenas se sentir que ambos conseguem manter as discussões com o nível de equilíbrio exigido de um coordenador. Seu papel é sempre ativo e, no fundo, o trabalho dos estudantes e desse professor é de parceria, mas o docente tem o poder de retomar a coordenação no momento que considerar adequado.

O funcionamento das assembleias escolares

Uma regra inerente a qualquer tipo de assembleia é que as pessoas possam "ver" e "ouvir" umas às outras enquanto dialogam: é impossível organizar uma assembleia em que as pessoas dialogam olhando para a nuca dos colegas. Por isso, o primeiro ponto a considerar no funcionamento de uma assembleia é a disposição física dos lugares na sala, que devem ser organizados em círculo ou semicírculo, permitindo a todos conversar frente a frente.

A assembleia começa, então, com a equipe responsável apresentando e explicando em um *slide* de PowerPoint, ou escrevendo na lousa ou numa cartolina, a pauta definitiva daquele dia. É o momento em que se explicam os critérios de hierarquia e de agrupamento das temáticas e oferece-se a todos que apontaram temas a possibilidade de manifestar-se e sentir-se representados. Depois de se colocarem de acordo, o coordenador inicia a assembleia com a discussão do primeiro assunto de "críticas". Esse, aliás, é um critério flexível, mas acredito que os itens das "felicitações" devem ficar para o final da assembleia. Com isso, garantimos que o clima do grupo ao fim do encontro seja mais prazeroso e as pessoas deixem o espaço com aspectos positivos eminentes.

A discussão de cada tema da pauta pode ser dividida em três momentos distintos, sobre os quais falaremos a seguir.

Primeiro momento: dialogando sobre o tema

O primeiro momento é o de aproximação e de esclarecimentos sobre o tema. Inicia-se com o coordenador perguntando se aquele que colocou determinado assunto na pauta gostaria de manifestar-se. Isso é importante porque as pessoas não são obrigadas a dar sua opinião em público nem a se expor diante do grupo. Apenas depois da manifestação do autor da proposta – ou de seu silêncio – o coordenador abre a discussão para os demais participantes da assembleia.

A condução desse momento é um dos pontos mais críticos e exige um nível de habilidade que só pode ser construído na prática cotidiana. Não se aprende a conduzir uma assembleia apenas por meio de livros e teorias. É preciso estar ali, sentindo os desafios de coordenar o uso da palavra por parte de 20 a 40 pessoas, para aprender a fazê-lo. Como todo processo de aprendizagem, principalmente nos primeiros encontros, são imprescindíveis tempo, paciência e consciência do grupo sobre o processo e sobre a construção coletiva dos instrumentos que regularão o diálogo.

É necessário desenvolver a habilidade de colocar ordem nas manifestações (por exemplo, exigindo que levante a mão quem quiser dizer algo); de saber cortar as falas que fogem da discussão proposta, sem no entanto inibir futuras manifestações (crianças podem levar a discussão para o lado pessoal); e, a mais difícil de todas, de conseguir controlar o tempo para que a pauta seja cumprida dentro da hora prevista.

Isso exige que a participação em uma assembleia não seja um momento livre, em que cada um fala sobre o que quiser e pelo tempo que julgar necessário. Faz parte do aprendizado da cidadania saber se manifestar na hora correta, sem repetir o que outros já disseram e de maneira respeitosa para com os colegas. Ao coordenador cumpre o papel de zelar para que tais objetivos sejam alcançados e respeitados.

Pode-se fazer isso estabelecendo com o grupo diversos mecanismos de regulação, prévios às primeiras assembleias, de modo que se oriente o funcionamento desse espaço, tornando os encontros mais eficientes e democráticos. Eis algumas sugestões: a) definir previamente o tempo – que deve ser flexível em função da complexidade da temática – para cada discussão e para cada manifestação; b) organizar a forma de inscrição para as falas (na lousa, em um papel etc.); c) criar critérios para que o diálogo não fique concentrado apenas nos mais extrovertidos ou falantes, inibindo a participação dos tímidos ou dos que têm dificuldade de se expressar em público.

AUTOGESTÃO NA SALA DE AULA
AS ASSEMBLEIAS ESCOLARES

Este último ponto, aliás, é de suma importância. Embora seja ideal garantir o direito de as pessoas se manifestarem apenas quando quiserem, tal direito não pode ser uma desculpa para que algumas nunca se exponham diante dos colegas. É preciso criar mecanismos (não autoritários) para incentivar a participação dos mais tímidos e ensiná-los a defender seus pontos de vista em público. Por exemplo, o coordenador pode, em pelo menos um assunto da pauta, fazer uma rodada em que pergunte individualmente a cada um se gostaria de se manifestar sobre o tema. Se alguém responder que não quer dizer nada, deve ser respeitado e passa-se ao seguinte, mas o tímido vai percebendo que tem seu espaço garantido, que não será atropelado pela fala dos mais extrovertidos.

Esse primeiro momento da assembleia, portanto, é de diálogo, de falar e escutar os colegas. É quando aparecem as diferenças, manifestam-se os valores que cada um construiu para si em sua história de vida. Principalmente, é quando existe o confronto de posições e ideias. Tal confronto, nesse espaço organizado e sistematizado coletivamente, pode ser trabalhado de maneira democrática, evitando a forma violenta como geralmente é encaminhado no dia a dia das escolas. Daí a importância de organizar o funcionamento da assembleia, para que a discussão seja coordenada de modo sistematizado e respeitoso, garantindo o espaço para a divergência e para os possíveis consensos.

Ao coordenador da assembleia compete o papel de mediador e organizador do diálogo, garantindo que as diferentes ideias e posições envolvidas no conflito apontado na pauta sejam esclarecidas antes de se passar ao segundo momento de discussão do tema.

Segundo momento: construindo regras de convivência

Retomando discussões anteriores, a pauta das assembleias surge dos conflitos rotineiros que marcam o cotidiano das salas de aula, da escola e das relações entre seus profissionais. Tais conflitos são expressos em temas que, por meio da palavra e do diálogo, são democraticamente discutidos pelas pessoas interessadas.

Entendemos que uma das funções primordiais das assembleias consiste na construção de regras e normas que regulem a convivência e as relações interpessoais, a fim de permitir que as diferenças de valores e de opiniões possam se manifestar democraticamente e de forma não violenta nos espaços escolares.

Em uma escola democrática que adota as assembleias como instrumento de ação, as regras que regulam o convívio e as relações interpessoais não são mais definidas exclusivamente pelas autoridades constituídas, mas construídas de forma coletiva, com base no diálogo sobre os conflitos cotidianos, tendo a função explícita de regular o funcionamento da escola.

Do ponto de vista operacional, encerrada a discussão de cada tema da pauta quando for pertinente, o grupo deve construir coletivamente a regra que regulará os conflitos inerentes ao tema. Assim, o coordenador da assembleia abre o espaço para que os participantes sugiram regras para o coletivo envolvido, competindo a ele cuidar para que a regra tenha uma redação adequada.

Não devemos perder de vista que uma regra não pode ser muito específica e tratar de casos isolados; do contrário, em pouco tempo teríamos uma infinidade de regras vigentes, das quais ninguém mais se lembraria – o que causaria mais confusão do que regulação. Assim, devem-se evitar regras do tipo "Não batucar nas carteiras", "Evitar falar alto durante as aulas", "Não agre-

AUTOGESTÃO NA SALA DE AULA
AS ASSEMBLEIAS ESCOLARES

dir os alunos da primeira série" ou "Não deixar a garrafa térmica da sala dos professores aberta".

As regras devem ter um enunciado claro mas abrangente, de maneira que uma mesma norma de convivência possa ser evocada diante de diversos temas distintos. Isso implicará, inclusive, que após algumas assembleias não seja necessário passar por esse segundo momento em todos os assuntos ou com todos os procedimentos necessários. Já existirão regras construídas sobre temas semelhantes, que devem apenas ser retomadas, relembradas ou reconstruídas e melhoradas pelo grupo. Assim, fica mais fácil cumprir o objetivo de manter a assembleia dentro do tempo previsto na grade horária da escola, e o grupo vai percebendo o papel dinâmico de construção e reconstrução coletiva das regras.

Trabalhando alguns exemplos, regras de caráter abrangente podem ser do tipo: "Não atrapalhar as aulas", em que se encaixam os problemas de batuque na carteira, de gritos durantes as aulas ou de jogar papel no ventilador; "Respeitar os colegas", que ajuda a regular situações de humilhação e assédio moral; "Evitar a violência na escola", que trata de situações de agressão física e psicológica; e "Manter os espaços coletivos limpos e organizados", buscando melhor estruturação do espaço público.

Por fim, após a proposição das regras pelos participantes da assembleia e sua redação coletiva, para que incorpore as diferenças de opiniões do grupo em seu enunciado, cada nova regra ou alteração de uma já existente deve ser votada, garantindo sua aprovação pela maioria dos membros.

Quem trabalha com esse tipo de situação sabe que aumenta a probabilidade de que uma regra seja respeitada pelo grupo quando ela não lhe foi imposta externamente. Quando os próprios interessados participam de sua elaboração e são solicitados a votar publicamente sua aprovação ou não, o compromisso passa a ser do coletivo e não apenas de algumas pessoas.

No caso das votações que fazemos, todos devem se manifestar "a favor", "contra" ou se "abstendo", por exemplo levantando a mão. Com essas três categorias de voto, todos obrigatoriamente têm de se manifestar, o que legitima a decisão tomada. A votação deve contar com a participação de todos, e caso o coordenador perceba que o número de votos não é igual ao de presentes na assembleia deve refazer a votação até que os números sejam iguais. Quem não estiver a favor ou contra a decisão deve e pode se abster. Afinal, a abstenção é um direito democrático e justifica-se quando as pessoas não estão satisfeitas com a discussão ou ainda estão em dúvida. O fundamental é que todos manifestem sua posição.

Um detalhe importante é que, muitas vezes, os coordenadores de assembleias, quando obtêm a unanimidade a favor de uma regra já na primeira pergunta (Quem é a favor da regra proposta?), não fazem as demais (Quem é contra? Quem se abstém?), o que é um grave equívoco. A pergunta deve sempre ser feita, mesmo que seja evidente que está aprovada por unanimidade. Num espaço de aprendizado democrático, as pessoas precisam saber que essas possibilidades sempre estarão presentes em todas as votações, que no momento em que quiserem ou acharem que devem se abster ou votar contra a consulta será feita.

Terceiro momento: a resolução de conflitos e as sugestões para cumprir a regra

Do ponto de vista da aprendizagem pela resolução de conflitos e de valores democráticos, o terceiro momento nas discussões sobre as "críticas" em uma assembleia cumpre papel fundamental. O grupo torna-se responsável não apenas pela reflexão sobre os temas que o afetam ou por fazer regras para o convívio, mas também por buscar coletivamente saídas para tais questões.

Isso é importante na perspectiva de trabalhar o protagonismo individual e grupal na construção de formas autônomas de constituição social. Na escola tradicional que conhecemos, além de as regras serem definidas apenas pelos que detêm o poder institucional, no momento de estabelecer os encaminhamentos para a resolução dos conflitos e o cumprimento das regras são essas mesmas pessoas que tomam as decisões, cabendo aos demais membros da comunidade somente sua execução.

No caso das assembleias, o terceiro momento é dedicado a que as próprias pessoas afetadas por comportamentos agressivos, pela organização de seu espaço ou por ações de colegas que lhes causam prejuízos procurem saídas não punitivas e não violentas. O próprio grupo, nesse momento, cria e elabora alternativas que servem, muitas vezes, para pressionar os comportamentos inadequados ou buscar maneiras construtivas de conscientizar os colegas sobre a importância de determinadas posturas no espaço público.

Assim, depois de construídas as regras, o coordenador pede às pessoas que apresentem propostas para que o problema não volte a se repetir, ou então que ajudem o grupo e os colegas a se conscientizar das consequências do conflito e a cumprir as normas acordadas. Nesse caso, o procedimento é semelhante aos anteriores, em que as pessoas têm o livre direito de se manifestar e os encaminhamentos são votados e aprovados pela maioria.

O aspecto que destaco nesse terceiro momento é que os coordenadores devem ter consciência de que um mesmo conflito pode ter diferentes maneiras de solução, assim como os encaminhamentos para que as regras sejam respeitadas pelo grupo têm várias possibilidades. Isso significa que, ao abrir a discussão sobre as propostas, precisam buscar que o maior número de soluções e encaminhamentos seja aprovado, de modo complementar. Um problema de violência, por exemplo, pode ter vários encaminhamentos simultâneos; o questionamento sobre determinados comportamentos autoritários pode levar à busca de maneiras diversas de enfrentá-los. Incentivar que se percorram os diversos caminhos, sem um pré-julgamento sobre qual é o melhor, ajudará os membros do grupo a perceber como a complexidade das relações humanas permite diferentes formas de aproximação e que as soluções simplistas geralmente não dão conta da realidade.

As felicitações

Depois de discutir os temas presentes no campo das "críticas" da pauta, o que toma a maior parte do tempo da assembleia, devem-se reservar pelo menos os dez minutos finais para refletir sobre as "felicitações" apontadas.

Nesse caso, os procedimentos são bem simples. Minha sugestão é de que o coordenador leia individualmente cada item da pauta e pergunte se o autor da felicitação gostaria de explicar as razões que o levaram àquela proposição. Na sequência, pode-se perguntar se existe mais alguém que quer se manifestar. Ao final de cada felicitação, o grupo pode cumprimentar a ação com uma salva de palmas.

Repete-se o procedimento até o final dos itens da pauta, encerrando-se, então, a assembleia em um clima positivo, em que o grupo percebe os avanços obtidos nas relações, assim como reconhece as conquistas individuais dos membros da comunidade.

Encerrando a assembleia

Um último procedimento deve ser garantido antes de se encerrar a assembleia: a organização das ações a ser tomadas para executar os encaminhamentos dados. Assim, se vai ser montada uma comissão para fazer determinado estudo, ou um grupo que produzirá cartazes, todo o procedimento deve ser acordado coletivamente e registrado na ata.

Como foi salientado quando discutimos os registros das assembleias, no seu final deve-se colher a assinatura dos participantes, certificando as decisões tomadas naquele dia. Nessa ata devem constar os itens da pauta discutidos, as regras aprovadas e os encaminhamentos e soluções apontados.

Procedimentos para o funcionamento dos fóruns escolares

Praticamente todas as orientações e reflexões sobre a organização das assembleias escolares vistas nas páginas anteriores se aplicam também à criação e ao funcionamento dos fóruns escolares, mas esse tipo de diálogo entre escola e comunidade, por envolver o universo externo à escola, tem características peculiares que merecem destaque.

Como vimos, o fórum tem como papel essencial articular os diversos segmentos da comunidade escolar, com a participação de docentes, discentes, de servidores, das famílias, de líderes comunitários e membros da comunidade, como comerciantes e moradores. Entre as possíveis atribuições do fórum, destacamos:

» Definição da política geral de funcionamento, organização e mobilização dos diversos segmentos da comunidade escolar.
» Preparação dos recursos materiais para o desenvolvimento de projetos.
» Formulação de cronograma local de desenvolvimento das ações.

Além disso, o fórum deve criar as condições que viabilizem a qualidade das ações e o envolvimento do maior número possível de professores e de alunos. Nesse sentido, pode atuar:

» Com a direção da escola, para garantir o espaço e o tempo necessários ao desenvolvimento de projetos que envolvam escola e comunidade.
» Buscando garantir recursos que permitam a aquisição de material bibliográfico, videográfico e a assinatura de jornais e revistas.
» Interagindo com especialistas em educação/pesquisadores que contribuam com o melhor desenvolvimento das ações planejadas.
» Articulando parcerias com outros órgãos e instituições governamentais e não governamentais (ONGs) que apoiem as ações do projeto e a criação de propostas que promovam seu enriquecimento.

Se não for possível iniciar esse trabalho envolvendo toda a escola, o fórum pode ocorrer de maneira mais simples, de acordo com a realidade de instituições menores ou que tenham poucos profissionais interessados na sua implantação. Dessa forma, um

AUTOGESTÃO NA SALA DE AULA
AS ASSEMBLEIAS ESCOLARES

pequeno grupo de docentes se reúne e começa a desenvolver projetos e atividades que envolvam a comunidade externa, para que ao longo do tempo ocorra a adesão de colegas e de outros segmentos da comunidade escolar.

Como em toda organização democrática, um dos pressupostos básicos para o bom funcionamento do fórum é a sistematização de suas normas. Isso significa que o estabelecimento claro e transparente das regras que regularão o funcionamento do "Fórum Escolar de Ética e de Cidadania" em cada escola, construídas democraticamente por meio do diálogo e da cooperação, é fundamental para o bom andamento do projeto.

Como sugestão, apresentamos a seguir aspectos que podem ser observados em cada comunidade escolar para o bom funcionamento das reuniões e atividades do fórum:

» O estabelecimento de um calendário fixo de reuniões – de periodicidade semestral – para todo o ano escolar.

» A escolha de um coordenador para o fórum, ou de um comitê gestor, que se responsabilizará pela organização das reuniões.

» O estabelecimento antecipado da pauta dos encontros, construída por sugestões de qualquer um dos membros, assim como sua ampla divulgação para os participantes regulares e demais membros da comunidade que porventura se interessem em participar.

» O registro de todas as reuniões por meio de atas, mesmo que simples, pois elas são fundamentais para assegurar a história e a memória dos encontros, assim como para anotar as decisões tomadas e as regras estabelecidas.

» A abertura para o diálogo e para a discussão permanente das regras de convivência e de participação nos encontros.

» A manutenção constante de avaliações sobre o desenvolvimento dos projetos e das reuniões do fórum.

» A garantia do livre direito de expressão, mantidos os preceitos de respeito entre as pessoas e o incentivo à participação presencial e oral dos alunos.

As reuniões do fórum devem ocorrer ao menos uma vez no semestre, com duração de duas a três horas, tendo entre seus objetivos definir coletivamente temáticas que pautem os projetos escolares e as relações com a comunidade nos meses seguintes. Não há um modelo único para o desenvolvimento das reuniões do fórum, uma vez que cada escola deve adaptá-lo à sua realidade e aos seus interesses específicos. Porém, em geral, com a coordenação de um grupo de professores e alunos, podem-se iniciar as reuniões com uma palestra ou uma mesa-redonda sobre temáticas de ética e cidadania. Na sequência, divididos em pequenos grupos e pautados por questões suscitadas durante o momento inicial, cada grupo traz à plenária final propostas de temas que serão adotados pela comunidade escolar.

Tais temas, como questões ambientais, situações de preconceito e discriminação etc., são a base para o desenvolvimento de ações e projetos que, inter-relacionados, têm dupla direção: para "dentro" e para "fora" da escola.

Para "fora" da escola localizam-se as ações que promovem a articulação entre a instituição e os espaços de aprendizagem de seu entorno. Assim, com os projetos interdisciplinares e transversais iniciados em sala de aula, a escola pode se aproximar da comunidade externa, utilizando seus equipamentos e espaços como fonte de aprendizagem. Nas experiências de que participamos, promove-se o desenvolvimento de trilhas, mapas e roteiros em que professores e alunos são incentivados a levar a escola para "fora" de seus muros com ações em praças, ruas, equipamentos públicos, córregos etc. Incorporando em tais ações as pessoas que convivem nesse entorno, como familiares, profissionais que trabalham nos equipamentos públicos, comerciantes e trabalhadores do bairro, pode-se dar um passo largo em direção à construção de ambientes éticos que extrapolem a escola e envolvam a comunidade. Assim, por exemplo, de posse de papel, caneta, filmadora, máquina fotográfica digital e gravador de voz ou de celulares, professores e estudantes organizam "excursões" pelas ruas da região da escola, problematizando, observando e registrando a realidade local. Tais observações, no entanto, não são livres, mas pautadas pelos estudos e conteúdos de ética e cidadania que estão sendo trabalhados nos projetos em sala de aula e, por sua vez, foram definidos pelo fórum escolar.

Para "dentro" da escola estão as ações em que, pautadas na pedagogia de projetos, reunindo princípios de transversalidade e interdisciplinaridade e promovendo reflexões sistematizadas sobre o que foi problematizado, observado e registrado nos espaços externos à escola, os conteúdos relacionados ao entorno são incorporados nas aulas das disciplinas específicas e em outros momentos de natureza transdisciplinar. Nessa concepção, as disciplinas específicas passam a ser vistas como ferramentas para o estudo e a compreensão de questões relacionadas à vida e aos interesses da comunidade.

Como se deve imaginar, são enormes os desafios enfrentados pelos professores que assumem a responsabilidade de promover os fóruns escolares. As resistências institucionais e pessoais, as descrenças por parte das comunidades interna e externa à escola em espaços de diálogo e de articulação, o desafio de criar o "novo" sem modelos de referência são exemplos do que esses profissionais da educação enfrentam para "inventar" no âmbito escolar esse espaço em que escola e comunidade se reúnem para discutir projetos e objetivos comuns.

Para ilustrar esse processo de construção institucional e coletiva, comentarei a experiência de implantação dos fóruns escolares de educação comunitária desenvolvidos nos anos de 2006 e 2007 na Escola Municipal de Educação Fundamental Esmeralda Salles, da cidade de São Paulo, que fez parte de projeto de pesquisa financiado pela Fundação de Apoio a Pesquisa do Estado de São Paulo (Fapesp) e por mim coordenado.

Do I Fórum Escolar de Educação Comunitária na Esmeralda Salles participaram cerca de 100 pessoas; além de alunos, professores, direção e funcionários da escola, estiveram presentes mães, pais, representantes da Polícia Militar, de ONGs (Gol de Letra e Polo Norte) e da Universidade de São Paulo. Na ocasião, além de apresentar as bases do projeto, as primeiras ações decorrentes dele foram percebidas: todo o evento foi organizado por um grupo de estudantes da escola denominado "Geração Solidária", sob orientação dos professores José Heleno, Ana Maria e Roselei Negro. Na ocasião houve, também, a primeira apresentação da banda Uh-Batuk-Erê, formada por alunos com interesse de trabalhar o resgate da cultura afro na comunidade local. Vale destacar o apoio institucional da direção da escola, que suspendeu as aulas no período de realização do fórum para que professores e alunos pudessem participar.

Ao final desse primeiro fórum, definiu-se a temática do seguinte, o que permitiu que escola e comunidade realizassem ações prévias para conhecer a realidade local vinculada ao tema. A escolha do segundo fórum foi "Diversidade, Qualidade na Educação e Cidadania". A ele compareceram, além dos participantes citados, o vereador Carlos Gianazzi e a diretora do Centro Integrado de Cidadania, órgão do governo estadual que presta serviços de promoção da cidadania na Zona Norte da cidade de São Paulo. Ao final desse fórum, foi realizada a "I Jornada de Saúde e Cidadania" na Emef Esmeralda Salles. A escola se abriu à comunidade com serviços de emissão de documentos, corte de cabelo, doação de sangue e diversas atividades educativas com a participação de alunos, pais e comunidade.

O terceiro fórum escolar de educação comunitária ocorreu em 2007 com o tema "A Escola e o Meio Ambiente Local". Houve a participação das comunidades interna (docentes, alunos e equipe de apoio) e externa (pais e entidades). Nesse fórum apresentou-se o resultado das pesquisas realizadas pelos estudantes no entorno da escola por meio de atividades denominadas "trilhas educacionais", que demonstravam o descaso do poder público e da própria comunidade com relação às imediações. O fórum teve como foco uma reflexão conjunta sobre os problemas do ambiente próximo, e como escola e comunidade devem fazer valer o compromisso de contribuir para preservar o entorno e construir uma nova realidade.

A seguir, algumas imagens produzidas pelos alunos denunciando a situação que serviu de ponto de partida para as discussões no fórum.

Para ilustrar o desenvolvimento desse trabalho e das dinâmicas envolvidas, vejamos a opinião da professora Marianne Borba sobre esse fórum:

> Não havia muitas pessoas e alunos participando do fórum daquela vez, mas acredito que os que estiveram presentes participaram mais. Os grupos de discussão eram heterogêneos, as crianças e os adolescentes presentes quase não se expressaram. Os adultos falaram bastante, mas alguns alunos ficaram inibidos. Apesar de tudo, achei essa dinâmica mais interessante. Foi bom repensar os fóruns anteriores e presenciar o processo de mudança que atravessamos como grupo. Nem tudo é perfeito ou uma maravilha, mas é muito bom participar do processo e verificar os resultados.

Ao final do fórum na Esmeralda Salles foi redigida uma ata, que transcrevemos a seguir. Ela nos ajuda a perceber de forma clara e com riqueza de detalhes a dinâmica adotada, a seriedade e a complexidade dos trabalhos desenvolvidos por esse grupo de professores com os alunos e a comunidade e os encaminhamentos dados pelo grupo. Com certeza, um grande avanço em relação aos fóruns anteriores e fruto de reflexões coletivas.

Ata do III fórum "Educação Comunitária e a Construção de Valores de Democracia e de Cidadania: Ética e Diversidade nas Relações Humanas"
Tema: "A Escola e o Meio Ambiente Local"

Aos cinco dias do mês de junho de dois mil e sete, às catorze horas, no pátio interno da Emef Profa. Esmeralda Salles Pereira Ramos, realizou-se o III Fórum "Educação Comunitária e a Construção de Valores de Democracia e de Cidadania: Ética e Diversidade nas Relações Humanas", com o subtema "A Escola e o Meio Ambiente", sob a coordenação do prof. Edson Azevedo Barboza, a participação da comunidade interna (direção, coordenação, professores, alunos, funcionários de apoio) e a comunidade externa da unidade escolar (pai e entidades). Após a abertura dos trabalhos e considerações, o prof. Edson concedeu a palavra à profa. Marianne, que falou sobre a localização do bairro, sua dimensão geográfica, número de unidades escolares, equipamentos de serviços públicos existentes, entidades formadas por representantes da comunidade, hospitais e dados do contingente populacional da região; ela apresentou ainda pesquisa realizada pelos alunos da unidade escolar referente ao descaso do poder público e da própria comunidade com relação a praças, córregos e terrenos baldios no entorno da escola. Em seguida, foram propostas questões para que a plenária, subdividida em grupos por cores (vermelho e verde), refletisse e apresentasse encaminhamentos pertinentes ao tema proposto. Após discussões por um período de uma hora e trinta minutos, na questão "No que podemos mudar para melhorar nosso meio ambiente local?", a plenária apresentou como encaminhamentos: a necessidade de conscientização inicial por parte da própria família (separando o lixo orgânico do não orgânico), analisando seus hábitos e procurando modificá-los antes de criticar o outro e o poder público; a importância da união, conscientização e colaboração de todos visando à melhor utilização de produtos e embalagens, que agridem o ambiente e colaboram para a degradação da paisagem (a alteração nos hábitos de consumo de produtos e embalagens enseja o aprendizado de reaproveitá-las ou destiná-las a locais adequados); realçou também a importância de realizar tudo com alegria, pois o mau humor também é prejudicial à saúde. Na questão "Como o poder público e a população podem ajudar a melhorar nosso bairro?", a plenária ressaltou a necessidade de fazer sair do papel todos os planos, vontades e sugestões, colocando-as em prática por meio de campanhas de conscientização em escolas, postos de saúde, entidades e ONGs locais, buscando ainda apoio do poder público; cobrar ações éticas do poder público; promover fiscalização "disfarçada" para que as pessoas que forem pegas poluindo córregos, praças e rios sejam devidamente punidas prestando serviços à comunidade; que a população aprenda a se unir e a trabalhar em grupo para que seus protestos e reivindicações tenham mais força; que todo cidadão tenha coragem de denunciar qualquer atitude que venha a poluir o ambiente; solicitar que a prefeitura, pelos órgãos competentes, utilize melhor o espaço público – como praças e terrenos baldios –, evitando o acúmulo de lixo nesses locais; solicitar, ainda, que a população do bairro tenha locais de fácil acesso destinados à coleta seletiva de lixo; que a escola conscientize os alunos por intermédio de oficinas culturais (música, teatro, dança...) e atividades esportivas a fim de atrair os jovens para esse movimento. Após a apresentação das sugestões registradas, as ONGs presentes reiteraram o compromisso comunitário com o local. Nada mais havendo a tratar, o prof. Edson encerrou agradecendo a presença e participação de todos no III Fórum "Educação Comunitária e a Construção de Valores de Democracia e de Cidadania: Ética e Diversidade nas Relações Humanas – A Escola e o Meio Ambiente Local", com o compromisso de que escola e comunidade farão valer o que juntos discutiram neste fórum. Assinam esta ata:

Concluindo esse item, os fóruns escolares de educação comunitária são uma espécie de assembleia escolar, previstos como ferramenta de ação cujo papel essencial é articular os diversos segmentos da comunidade – escolar e não escolar – que se disponham a desenvolver ações mobilizadoras em torno dos temas ética, democracia e cidadania no convívio escolar.

Na experiência relatada, apesar de todas as dificuldades de implantação, consideramos que os resultados foram mais positivos do que negativos, pois essa instituição saiu de um quadro em que tais espaços não existiam e conseguiu criá-los, transformá-los e dar um primeiro passo para que as relações entre escola e comunidade se tornassem mais próximas. Iniciaram-se processos de descentralização e de percepção de que o contato com a sociedade externa pode se dar de forma mais ampla, e não apenas quando as famílias são chamadas para ouvir sobre o desempenho e o comportamento de seus filhos. O grupo saiu de um isolamento quase absoluto, em que tais relações praticamente não existiam, e, aos poucos, mostrou que professores, alunos, pais e outros membros da comunidade podem dialogar com vistas a produzir ações conjuntas de transformação da sociedade.

3

DANDO VOZ AOS SUJEITOS DAS ASSEMBLEIAS

DEDICAREI AS PÁGINAS SEGUINTES a apresentar aos leitores relatos de quem vivenciou as assembleias escolares no cotidiano e dados de pesquisa que demonstram seus resultados na construção de valores morais. Estas últimas informações derivam de duas pesquisas distintas que tinham objetivos mais amplos, mas avaliaram também o impacto das assembleias em duas escolas de cidades do interior do estado de São Paulo – uma pública e outra privada. Embora realizados em diferentes momentos, tais estudos se complementam pelo objetivo comum.

A primeira delas desenvolveu-se entre os anos de 1999 e 2001 em uma escola da rede pública, e os dados que apresentarei foram publicados no livro *A construção de escolas democráticas: histórias sobre complexidade, mudanças e resistências* (Araújo, 2002). A segunda pesquisa traz dados sobre as assembleias desenvolvidas entre 2001 e 2003 na Escola Comunitária de Campinas, tendo sido publicada em 2008 nos *Cadernos de Educação da Universidade Federal de Pelotas.*

Em comum, a opinião positiva de docentes e estudantes sobre a relevância das assembleias para a construção de novas formas de relação e de resolução de conflitos na escola. Ao mesmo tempo, trarei relatos negativos, tentando mostrar que esse tipo de trabalho é conflituoso e não está isento de críticas. Como entendo o conflito como algo natural e positivo, creio que mostrá-lo contribui para que alcancemos os objetivos propostos neste livro. Assim, darei voz aos próprios sujeitos dessas mudanças*. Vejamos alguns relatos que falam das dificuldades na implantação e da insegurança docente, mas confirmam a aposta no processo.

No início do ano passado, eu percebia que a assembleia era um momento no qual os alunos queriam contar os casos pessoais, acusar o colega e detalhar minuciosamente o ocorrido. Não acontecia a reflexão. A participação era infantilizada, pensavam no caso isoladamente, em benefício próprio. Eu estava decepcionada com a participação dos alunos. Aos poucos, porém, eles passaram a ter uma participação mais adequada. Ainda estamos em processo, pois as regras levantadas nem sempre são cumpridas e a pauta ainda é extensa. Porém, a postura dos alunos, a seriedade e a maneira como perceberam que a assembleia não é um encontro para casos pessoais mudaram muito. Para mim, o trabalho inicial com assembleia na primeira série é sempre difícil e a todo momento sinto a necessidade de reafirmar, para mim mesma, as razões e os princípios desse trabalho, para mantê-lo acontecendo. Nesse movimento que faço comigo mesma, tem sido importante estabelecer pequenas metas para evitar frustrações que poriam em risco o próprio trabalho. Por exemplo: a) aprender a usar a pauta; b) aprender a me identificar com a

---

* No caso dos relatos da escola pública, suas autoras estão identificadas, pois tais informações foram retiradas de relatório que entregaram aos pesquisadores. No caso dos relatos das professoras da escola privada, estão anônimas, pois foi nessa condição que responderam ao questionamento da pesquisa.

dificuldade discutida; c) aprender a buscar caminhos; d) posteriormente evoluir nessas buscas.

Vejamos agora relatos que avaliam os avanços observados nas relações entre alunos e alunas e o processo como um todo. No caso da professora Kátia Cilene Souza, de primeiro ano, o principal avanço refere-se ao diálogo.

> No tocante ao diálogo, este foi se aprimorando a cada assembleia realizada. Às vezes acontecia de um falar junto com o outro, mas aos poucos foram aprendendo a ouvir os colegas [...] Percebi que eles começam a entender o sentido do diálogo. Não foi fácil mudar esse tipo de atitude, mas agora eles resolvem a maioria dos problemas sem falar em punições. Também falavam muito em levar para a diretoria ou chamar os pais. Hoje, essa atitude mudou bastante. [...] Isso porque foram questionados sobre de quem era o problema: era da diretora, dos pais que estavam no trabalho? Eles refletiam e decidiam de outra forma.

Nas considerações finais de seu relatório, a professora afirma:

> [...] no início do projeto tínhamos um grupo de alunos que não conseguiam dialogar, não falavam de seus problemas, não paravam para ouvir a opinião dos colegas nem estavam atentos ao que acontecia à sua volta. Ao término do projeto, encontramos alunos que refletem sobre seus problemas, buscam soluções por meio do diálogo, têm senso de justiça, lutam pelos seus direitos e param para ouvir os colegas.

Na mesma linha de raciocínio, vejamos outros relatos:

Acredito que a assembleia seja um importante espaço de diálogo entre alunos e professores, no qual refletimos sobre nossa convivência e discutimos como melhorá-la. Refletir sobre as atitudes, sobre a convivência, aprender a dizer o que pensam e o que sentem é um exercício difícil para as crianças. Ter um espaço organizado e intencional para isso representa a possibilidade de promover esse aprendizado.

O espaço democrático da assembleia tem sido muito importante e valorizado pelos alunos desta classe. No início do ano, muitas situações de conflito entre eles ocorriam de forma velada, sob ameaça [...], inclusive alguns ameaçavam outros se uma situação em que eles estivessem envolvidos fosse colocada em pauta de assembleia. Após várias discussões em assembleia, alguns foram revelando tais situações e pudemos conversar sobre elas e estabelecer combinados [...] O foco de nossos encontros durante todo o ano foi expressar o que incomoda, ouvir diferentes posicionamentos, discutir um tema coletivamente, definir regras de convivência, reforçar e repensar valores, bem como destacar as atitudes adequadas do grupo e de cada um e valorizar os avanços do grupo em direção a posturas cada vez mais éticas, sem desprezar a diferença que há no modo de ser, pensar e se expressar de cada ser humano.

A seguir, o relatório da professora Adriana Comin Franguelli:

Os alunos adoram as assembleias. A cada encontro realizado eles me surpreendem com as atitudes. Recordo bem de um fato: as meninas começaram a reclamar que os meninos passavam a mão no bumbum delas; na verdade, era apenas um menino, e como nas assembleias tratamos do assunto, e não de quem cometeu o ato, o autor do ato quis falar como se nada tivesse a ver com ele. Em assembleia posterior, o assunto estava em pauta novamente, pois esse aluno continuava passando a mão nas meninas, mas dessa vez o seu comportamento em relação ao fato foi bem diferente, não abriu a boca durante toda a discussão; após essa assembleia não tivemos mais esse problema [...]. No início do ano, a turma não conseguia conversar, os alunos gritavam demais na sala, se agrediam fisicamente, enfim, não havia respeito entre eles. Hoje, por mais que ainda existam conflitos, as crianças conseguem se entender, as agressões físicas raramente acontecem, todos colaboram entre si, se tornaram mais autônomos, muita coisa boa passou a acontecer após a realização das assembleias [...]

Em um trecho de seu relatório, a professora Joseane Félix afirma:

[...] tenho percebido que a relação das crianças está melhorando, ficam de olho nas coisas que acontecem e sempre que alguém tem uma atitude que desagrada o grupo é rapidamente questionado pelos colegas por não cumprir o que combinaram; quem "pisou na bola" fica com vergonha e tenta desfazer o problema. Os alunos até chamam a nossa atenção quando nós, adultos, fazemos coisas que não condizem com a nossa fala e somos sempre questionados; já não são mais crianças ingênuas.

Pude observar que as assembleias estão proporcionando que os estudantes sintam-se integrantes de um todo e agentes de transformação do ambiente; se posicionem de maneira crítica e responsável nas situações sociais e valorizem o diálogo sempre; apropriem-se das opiniões dos seus semelhantes e desenvolvam as atitudes de solidariedade e cooperação tão em falta atualmente; compreendam até onde vai sua liberdade, saibam exigir seus direitos, respeitem a liberdade e os direitos dos outros e estejam conscientes de seus deveres. É importante ressaltar que no ano letivo de 2001 não foi contemplada nenhuma situação de agressão física por parte de algum aluno da turma e atualmente não há "fofoquinhas" na sala [...].

Por fim, vejamos alguns relatos positivos e outros negativos de crianças que participaram de assembleias nas duas escolas:

Antes, quando não tinha as assembleias na classe, tinha muita violência, eles xingavam, batiam e até ameaçavam se a gente não entregasse o nosso lanche no recreio.

No 4º ano F, antes das assembleias, quando as crianças tinham um probleminha como brigas, empurra-empurra, jogar água nos outros etc., iam correndo contar para a professora ou para a mãe e a mãe ia conversar com o aluno ou com a professora, que não tinha nada com isso. Agora nossa classe está melhorando muito, tem poucas brigas e mais respeito.

Agora, quando as crianças têm algum problema, escrevem nos cartazes e, no dia da assembleia, todos podem falar e dar soluções para os problemas. Até conseguem resolver alguns e não fica bom só para um, fica bom pra todos.

Acho que as assembleias melhoraram muito os problemas que temos, pois quando colocamos no papel todo mundo leva a sério e procuramos resolver o problema.

Achei as assembleias deste ano bem legais. Mesmo quando eu tinha vergonha de falar porque achava que todos iam rir de mim. Agora estou conseguindo me soltar mais.

Com as assembleias consegui perceber em que preciso melhorar, me "toquei" de muitas coisas que faço e incomodam as pessoas.

Com a assembleia, temos um compromisso maior com o grupo. É muito bom falar o que sentimos, coisas legais ou não. No começo do ano as pessoas colocavam como crítica coisas bobas, como: "Ai, uma menina me chamou de chata", "Um menino esbarrou na minha carteira e derrubou meu estojo e não pegou". E como felicitação colocavam: "Ontem eu fiz uma amiga nova", "Eu joguei queimada, legal". Mas agora, no meio do ano, todo mundo está colocando críticas mais sérias, que têm a ver com a classe toda. Todo mundo dá sua opinião e resolvemos muitos problemas. Nem todas as escolas têm essa chance de debater seus problemas. Na discussão da assembleia eu me sinto estressado porque sempre quero resolver as críticas e fazer as regras.

Na discussão da assembleia eu me sinto cansado porque demora muito.

Eu achei que esse ano os itens da pauta se repetiram muitas vezes porque não eram resolvidos rapidamente, mas a maioria era resolvida.

Acredito que esses relatos ilustram bem o tipo de transformações que foi acontecendo nas relações entre os membros dessas duas escolas com a implantação das assembleias de classe. O diálogo, a autonomia e o respeito mútuo passaram a predominar nessas classes, refletindo, de maneira positiva, na sua democratização e na construção de valores dessas pessoas. Alunos e alunas passaram a buscar formas mais dialógicas para a resolução dos conflitos cotidianos. Assim, embora o tema da violência perpassasse o discurso das crianças, ficou evidente que elas foram percebendo a assembleia como uma maneira de resolução de seus conflitos, alternativa às saídas violentas e agressivas.

Apresentarei, também, relatos docentes sobre as assembleias docentes e de escola coletados no final de 2000 na escola pública em que trabalhamos. Tais questionários foram respondidos anonimamente, pois queríamos que os professores tivessem mais liberdade para expressar suas ideias e seus sentimentos. Vejamos alguns depoimentos sobre as relações entre professores, direção e funcionários depois do advento das assembleias docentes:

> Muito bom, houve uma integração de amizade, solidariedade e principalmente respeito, mesmo nos momentos em que algumas opiniões eram contrárias.

> Nessas relações houve mais união, pois existe muita troca de ideias e ajuda. A direção está mais perto dos professores, colaborando para a realização de tudo que se faz na escola.

A equipe ficou mais forte, percebemos que a "união faz a força". Quando precisamos lutar para alcançar algo, nos unimos e brigamos pelo que é realmente democrático.

Ocorreu uma aproximação entre professores, um atrativo para a troca de experiências; poucos professores se fecharam ou esconderam seus trabalhos, existindo muito respeito na relação.

O projeto aproximou as pessoas dessa escola. Hoje somos um grande grupo, com liberdade de realizar, participar, questionar e nos ajudar.

Hoje me sinto mais à vontade para me relacionar com professores, direção e funcionários. Antes eu quase sempre ficava calada, agora não consigo mais; quando sinto vontade, falo, seja o que for. Sinto também prazer em ajudar as outras professoras. Quando vou procurar material para o meu projeto, encontro para o projeto delas. E elas também estão sempre à disposição para me ajudar.

A seguir, destaco alguns encaminhamentos decorrentes das assembleias de escola da instituição pesquisada.

» Mudança no horário de funcionamento da escola – Os alunos reivindicaram aumento no tempo do recreio, pois os 20 minutos não eram suficientes para entrar na fila da merenda, comer, ir ao banheiro e ainda brincar um pouco. Isso os fazia voltar para a sala de aula e depois começar a sair para ir ao banheiro (queixa de professores e funcionários da limpeza). A solução acordada entre todos foi ampliar o recreio em dez minutos, antecipar em cinco minutos a entrada e prorrogar em cinco minutos a saída da escola.

» Reforma dos banheiros e cobertura da quadra – Na primeira assembleia, esses assuntos foram trazidos por quase todas as classes. As reclamações de que os banheiros cheiravam mal e de que a falta de cobertura da quadra prejudicava as aulas de Educação Física e as brincadeiras por causa do sol quente eram gerais. Nesse dia, decidiu-se que fariam um documento e o levariam ao prefeito da cidade. Com a coordenação dos professores e da direção, redigiu-se o documento e agendou-se uma reunião com o prefeito, que recebeu todos os representantes de classe na prefeitura. O resultado concreto foi a reforma dos banheiros em julho e a abertura de licitação em agosto para a cobertura da quadra, que foi executada antes do final do ano letivo.

» Alimentação – Havia muitas reclamações sobre a qualidade da merenda escolar fornecida pela prefeitura. Organizou-se uma visita dos representantes à cozinha-piloto do município e algumas alterações no cardápio foram feitas com base nas reivindicações.

Além desses casos pontuais, como nos relatou a própria diretora da escola, houve mudanças significativas no comportamento dos alunos durante o recreio depois que regras coletivas foram estabelecidas e repassadas a toda a comunidade escolar. Mensalmente, o cumprimento das regras era avaliado e novas normas eram propostas. O mais importante foi que as regras de convivência passaram a ser elaboradas e discutidas por todos os segmentos da comunidade, sobretudo os estudantes, e essa é uma mudança significativa em relação à maioria das escolas, nas quais essas decisões são tomadas somente pelos adultos, cabendo às crianças apenas obedecer a elas.

Finalmente, quero apresentar os resultados encontrados em pesquisa realizada com estudantes da Escola Comunitária de Campinas. O estudo compara as representações que aquelas crianças faziam sobre a resolução de conflitos escolares cotidianos com as representações de crianças de outras duas escolas: a) uma escola privada, católica, localizada no município de São Paulo; b) uma escola pública localizada na cidade de Três Corações, em Minas Gerais.

A pesquisa foi feita com 268 alunos de 7 a 10 anos de idade. O instrumento consistia em uma tirinha com um desenho de duas crianças brigando. Perguntava-se tanto como representariam as causas para aquela situação como as soluções para resolvê-la. Nesse caso, queríamos perceber até que ponto o trabalho com as assembleias se refletia na forma como as crianças pensavam ser a melhor maneira de resolver conflitos cotidianos nas escolas, como é o caso das brigas que envolvem agressão física. Tínhamos a expectativa de que as crianças da Escola Comunitária de Campinas apresentassem maior tendência a buscar saídas dialógicas para os conflitos, em vez de soluções violentas ou "mágicas".

No tocante à categorização dos dados, decidimos não avaliar as causas e centrar nossa atenção na solução que os estudantes davam ao conflito. Optamos por duas categorias de análise: a) respostas dialógicas, em que o sujeito apontava uma solução de diálogo e conversa para resolver o problema da briga, refletindo a experiência das assembleias; b) respostas não dialógicas, quando os estudantes apontavam soluções envolvendo mais violência ou em que o melhor caminho era chamar um adulto para separar a briga e dar lição de moral aos envolvidos.

A tirinha apresentada era a seguinte:

Os resultados encontrados foram os seguintes:

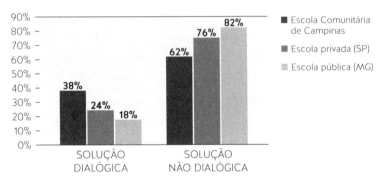

Nota-se que as crianças da Escola Comunitária de Campinas apresentaram maior tendência a apontar soluções dialógicas para um conflito envolvendo violência física no interior da escola. Chama nossa atenção que uma minoria absoluta das crianças da escola pública participante do estudo (18%) apresente caminhos de diálogo na hora de resolver conflitos interpessoais. Embora os dados coletados não permitam interpretações conclusivas, podemos entender que as assembleias, ao promover o desenvolvimento das capacidades dialógicas e os valores de não violência, respeito, justiça, democracia e solidariedade, auxiliam na transformação das relações interpessoais no âmbito escolar e na formação ética e psíquica dos estudantes.

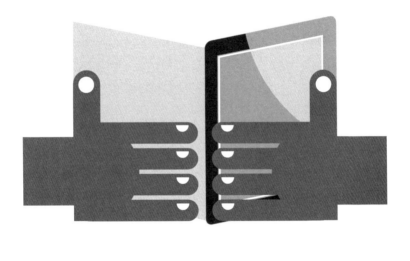

4

CONCLUINDO...

FORMAR O SUJEITO ÉTICO competente para agir na sociedade e participar de sua vida política e pública não se dá somente trabalhando os direitos e os deveres, como propõe a maioria dos autores que lidam com esse tema. Educar em valores, como se diz hoje em dia, não pode se limitar ao trabalho educacional de construir regras, estudar direitos e deveres, pensar no que é certo e no que é errado.

Para que o indivíduo exerça de fato a cidadania, ele deve ter determinadas competências que vão além do conhecimento e do cumprimento de leis e regras das instituições sociais. Precisamos almejar a formação e a construção do que chamamos de *personalidades morais*. Pessoas, segundo a ética aristotélica, que buscam a felicidade e o bem pessoal e coletivo por meio das virtudes – e não de qualquer maneira. Esses sujeitos precisam construir sua personalidade moral com base em determinados valores e virtudes éticos desejados pela cultura em que vivem. Tal princípio traz uma nova maneira de conceber a formação e a educação moral na escola.

O trabalho com as diversas formas de assembleia no cotidiano das escolas enquadra-se nessa perspectiva de formação ética das futuras gerações, visando à construção da democracia na nossa sociedade.

Termino este livro com a ansiedade de quem tinha muito mais a contar sobre as experiências das assembleias, sobre os pensamentos e os desejos daqueles que exerceram e exercem essa forma pedagógica de promover a democracia, o diálogo e os valores éticos no interior de suas práticas educativas.

Queria ter escrito muito mais sobre a democracia escolar e os pressupostos de programas educacionais que utilizam a resolução de conflitos como matéria-prima para o trabalho pedagógico. Mas fico satisfeito de ter podido detalhar a prática das assembleias, sua forma de organização e funcionamento, os medos, as inseguranças, as resistências e as conquistas vivenciadas por aqueles que entendem o diálogo e a importância do coletivo como maneiras democráticas de regular as relações das pessoas entre si e consigo mesmas.

É preciso almejar que, no encontro cotidiano com o outro e suas diferenças, quando surge o impasse, os caminhos dialógicos sejam contemplados. Do contrário, restarão a via da violência e suas diversas formas de manifestação.

Espero com este relato incentivar inúmeros profissionais da educação a abraçar a causa da democracia e perceber que podem atuar proativamente no sentido de transformar valores autoritários culturalmente arraigados em valores democráticos.

Existem vários caminhos abertos nos espaços educativos que confluem nessa direção, e a perspectiva de trabalhar as assembleias nas escolas tendo os conflitos cotidianos como referência é um deles. Fica o convite aos educadores ousados, que mantêm viva em sua prática a ansiedade da mudança e da construção da ética nas relações humanas. Que o diálogo e os valores democráticos presentes nas assembleias escolares sejam seus instrumentos de trabalho.

REFERÊNCIAS

Aquino, J. G. *Indisciplina: o contraponto das escolas democráticas*. São Paulo: Moderna, 2003.

Arantes, V. A. "A afetividade no cenário da educação". In: Oliveira, M. et al. (orgs.). *Psicologia, educação e as temáticas da vida contemporânea*. São Paulo: Moderna, 2002.

Arantes, V. A. (org.). *Afetividade na escola: alternativas teóricas e práticas*. São Paulo: Summus, 2003.

Araújo, U. F. (org.). "O ambiente escolar e o desenvolvimento do juízo moral infantil". In: Macedo, L. et al. *Cinco estudos de educação moral*. São Paulo: Casa do Psicólogo, 1996.

____. *Autoridade e autonomia na escola: alternativas teóricas e práticas*. São Paulo: Summus, 1999a.

____. *Conto de escola: a vergonha como um regulador moral*. São Paulo: Moderna/Unicamp, 1999b.

____. "Respeito e autoridade na escola". In: AQUINO, J. (org.). *Autoridade e autonomia na escola: alternativas teóricas e práticas*. São Paulo: Summus, 1999c.

____. "O ambiente escolar cooperativo e a construção do juízo moral infantil: sete anos de estudo longitudinal". *Revista Online Biblioteca Prof. Joel Martins*, São Paulo, v. 2, n. 2, 2001, p. 1-12.

____. *A construção de escolas democráticas: histórias sobre complexidade, mudanças e resistências*. São Paulo: Moderna, 2002.

____. *Temas transversais e a estratégia de projetos*. São Paulo: Moderna, 2003.

____. *Assembleia escolar: um caminho para resolução de conflitos*. São Paulo: Moderna, 2004.

____. "Resolução de conflitos e assembleias escolares". *Cadernos de Educação*, ano 17, n. 31, ago.-dez. 2008, p. 85-103.

ARAÚJO, U. F.; AQUINO, J. G. *Os direitos humanos na sala de aula: a ética como tema transversal*. São Paulo: Moderna, 2001.

BOBBIO, N. *Teorias das formas de governo*. Brasília: Ed. da UNB, 1986.

BRASIL. Ministério da Educação: *Programa Ética e Cidadania: construindo valores na escola e na sociedade*. Brasília: MEC, 2007.

BUSQUETS, M. D. *et al. Temas transversais em educação*. São Paulo: Ática, 1997.

CARRACEDO, J. R. *Educación moral, postmodernidad y democracia*. Madri: Trotta, 1996.

CHAUI, M. *Cultura e democracia*. São Paulo: Cortez, 1999.

DALLARI, D. A. *Direitos humanos e cidadania*. São Paulo: Moderna, 1998.

FERREIRA, A. B. H. Novo *dicionário da língua portuguesa*. Rio de Janeiro: Nova Fronteira, 1985.

JOHNSON, D. W.; JOHNSON. R. T. *Cómo reducir la violencia en las escuelas*. Barcelona: Paidós, 2001.

MACHADO, N. *Cidadania e educação*. São Paulo: Escrituras, 1997.

AUTOGESTÃO NA SALA DE AULA
AS ASSEMBLEIAS ESCOLARES

____. *Educação – Projetos e valores.* São Paulo: Escrituras, 2000.

MORENO, M. et al. *Falemos de sentimentos: a afetividade como um tema transversal.* São Paulo: Moderna, 1999.

MORIN, E. *Introducción al pensamiento completo.* Barcelona: Gedisa, 1997.

ORTEGA, R.; DEL REY, R. *La violencia escolar: estrategias de prevención.* Barcelona: Graó, 2003.

PÁTARO, R. *O trabalho com projetos na escola: um estudo a partir de teorias de complexidade, interdisciplinaridade e transversalidade.* Dissertação (mestrado em Educação), Universidade Estadual de Campinas, Campinas (SP), 2008.

PUIG, J. *A construção da personalidade moral.* São Paulo: Ática, 1998a.

____. *Ética e valores: métodos para um ensino transversal.* São Paulo: Casa do Psicólogo, 1998b.

____. *Práticas morais: uma abordagem sociocultural da educação moral.* São Paulo: Moderna, 2004.

PUIG, J. et al. *Democracia e participação escolar.* São Paulo: Moderna, 2000.

PUIG, J.; MARTÍN, X. *La educación moral en la escuela.* Barcelona: Edebé, 1998.

ROSENFIELD, D. *O que é democracia.* São Paulo: Brasiliense, 1994.

SASTRE, G.; MORENO, M. *Resolução de conflitos e aprendizagem emocional: gênero e transversalidade.* São Paulo: Moderna, 2002.

SCHNITMAN, D. (org.). *Novos paradigmas na resolução de conflitos.* Porto Alegre: Artes Médicas, 2000.

VINYAMATA, E. (org.). *Aprender del conflicto: conflictologia y educación.* Barcelona: Graó, 2003.

www.gruposummus.com.br

IMPRESSO NA
sumago gráfica editorial ltda
rua itauna, 789 vila maria
02111-031 são paulo sp
tel e fax 11 **2955 5636**
sumago@sumago.com.br